GENEROS LITERARIOS

Prof. IRENEO MARTIN DUQUE
Prof. MARINO FERNANDEZ CUESTA
Universidad de Puerto Rico

GENEROS LITERARIOS

INICIACION A LOS ESTUDIOS DE LITERATURA

EDITORIAL PLAYOR

Cuarta Edición

© PLAYOR, S. A., 1973
Depósito Legal: M-28726-1979
ISBN: 84-359-0093-2

Diseño de la cubierta: Tony EVORA

Editorial Playor
Dirección Postal: Apartado 50869
Dirección oficina central: Santa Polonia, 7. MADRID-14
Teléfono: 230 60 97
Printed in Spain
Impreso en España

INDICE

PREFACIO

Estas notas sobre los géneros literarios nacieron de la necesidad de ofrecer a los estudiantes y profesores de literatura española un manual conciso, teórico y práctico, histórico y actual sobre las varias formas de acercarse a la creación literaria.

A base de materiales usados en las aulas hemos revisado, reelaborado y actualizado el contenido de este volumen.

Los profesores y estudiantes tienen aquí abundante material e información teórica sobre el desarrollo de los distintos géneros literarios. Al mismo tiempo se ofrecen aplicaciones prácticas para el análisis de técnicas narrativas, dramáticas y poéticas.

Esperamos que esta sencilla aportación sea provechosa para nuestros jóvenes estudiantes y a la vez sirva de acercamiento a la apreciación *estético literaria*.

LOS AUTORES

PRIMERA UNIDAD
LA POESIA

A. POESÍA

«Es la más alta expresión del arte literario. Se caracteriza por tener un fin esencialmente estético» (Lapesa). * Según esta definición de la poesía como género literario, la belleza gravita en forma casi absoluta, ya que cualquier otro objetivo queda necesariamente subordinado a éste. Poesía es la expresión más alta, más pura del arte, cuyo fin primordial es la creación de belleza por medio de la palabra.

La creación de belleza en la poesía no es algo pasivo, sino que esa belleza se crea para un lector u oyente. La poesía es, según Carlos Bousoño ** «comunicación establecida en menos palabras, de un contenido psíquico sensorio —afectivo— conceptual, conocido por el espíritu como formando un todo, una síntesis». En la poesía se mezcla lo afectivo —los sentimientos del poeta— con una fuerte dosis de lo sensorial: musicalidad, imágenes y conceptos

* *Introducción a los estudios literarios.*
** *Teoría de la expresión poética.*

expresados en forma afectiva y sensorial a través de símbolos casi siempre. Los conceptos quedan unidos de tal forma con el resto que forman un todo maravilloso en donde no se puede quitar nada sin que se pierda la unidad estética.

«La forma habitual de la poesía es el verso, pero no son términos que se corresponden forzosamente» (Lapesa). La poesía no es pues el elemento rítmico musical exclusivamente sino que incluye la creación de la belleza en un todo (conjunto) sensorial —afectivo— conceptual, como hemos dicho antes. No puede ser puros conceptos puestos en versos, sino más bien un tratamiento especial de esos conceptos donde importa más que el concepto, la impresión o motivación estética producida en el alma del poeta. Según la nueva doctrina de la *poesía pura* la poesía auténtica no está en las ideas, imágenes o ritmos, sino en «algo misterioso» encerrado en el poema:

> *Yo, en fin, soy este espíritu,*
> *Desconocida esencia,*
> *Perfume misterioso*
> *de que es vaso el poeta.*»

La poesía se divide en tres géneros poéticos: *poesía épica, poesía lírica* y *poesía dramática;* relato de hechos externos, expresión de pensamiento y afectos, y obras destinadas a la representación teatral.

B. POESIA LIRICA

«Poesía lírica es la que expresa los sentimientos, imaginaciones y pensamientos del autor; es la manifestación de su mundo interno, y por lo tanto, el género poético de su mundo interno, y por lo tanto, el género poético más subjetivo y personal» (Lapesa). La poesía lírica se originó con este nombre en Grecia por estar compuesta para ser cantada con la lira. Esta poesía fue poco a poco convirtiéndose en poesía muy subjetiva y medio para expresar los sentimientos más íntimos y delicados.

Este género poético, el más cultivado en nuestra época, no excluye la posibilidad de cantar temas colectivos como la patria o la religión, siempre y cuando manifiesten los sentimientos del poeta como miembro de una colectividad.

Otra nota característica de la poesía lírica es su brevedad en comparación con la épica o la dramática. Esta poesía trata de presentar en un espacio muy limitado la impresión de un instante, la emoción de un momento, plasmada en forma breve pero unida: coherente y concisa.

C. POEMA

Es una pequeña unidad de comunicación en donde el poeta ha querido plasmar en forma permanente la emoción estética de un momento fugaz. Ese poema sirve para hacer que los lectores u oyentes participen de la emoción experimentada por el poeta, plasmada en imágenes sensoriales, música e ideas. Ese poema es un pequeño mundo regido por sus propias leyes y cada uno de sus elementos responden a una unidad total, a una expresión de conjunto, no a su sentido particular y original. Es el poema un conjunto de significantes y significados vistos por el poeta en forma nueva, original y personal.

Antonio Quilis define el poema como «un contexto lingüístico en el cual el lenguaje, tomado en su conjunto de significante y significado como materia artística, alcanza una nueva dimensión formal, que, en virtud de la intención del poeta, se realiza potenciando los valores expresivos del lenguaje por medio de un ritmo pleno».

D. EL LENGUAJE DE LA POESIA

Existen dos clases de lenguaje, el lógico y el figurado o literario. El lenguaje lógico emplea el sentido propio de las palabras y busca la precisión y la exactitud en el decir.

El lenguaje figurado, literario, sirve para expresar lo que sentimos, queremos o imaginamos. Es un lenguaje que busca la expresión de la afectividad. El lenguaje literario utiliza las inflexiones tonales, omisiones, repetición de palabras o de frases, cambios de significado en las palabras, ruptura de la estructura gramatical.

Se ha discutido mucho sobre la diferencia entre la prosa y el verso. El poeta Luis Lloréns Torres, en sus ideas estéticas sobre el Pancalismo y el Panedismo, afirmó la identificación de la prosa con el verso. Para Lloréns Torres, «toda palabra es verso». Según el poeta puertorriqueño, la diferencia entre la prosa y la poesía no es el ritmo, sino la rima: «Lo esencial es que una y otra son iguales en cuanto al ritmo, y que sólo la rima, la rima solamente, marca la línea divisoria entre verso y prosa.»

Sin embargo, la mayoría de los críticos afirman que la diferencia entre la poesía y la prosa es el ritmo.

El ritmo, según la definición de A. Quilis, «es la reiteración periódica e insistente de un elemento fónico dominante en la cadena oral. El ritmo mueve los sentidos y mediatiza la representación de ideas y toda la comunicación humana».

El ritmo se logra mediante la sílaba, el pie métrico y el verso. La disposición de las sílabas con su acentuación, el pie métrico con las sílabas tónicas y átonas y finalmente el verso configuran el ritmo poético musical.

La poesía, más que la prosa, hace uso abundante de las figuras de expresión para producir en el oyente el ritmo musical y crear un estado anímico en el alma.

Aliteración: Consiste en la reiteración o repetición de las mismas letras para imitar sonidos o provocar sensaciones en el lector. Zorrilla utiliza una aliteración para recrear el sonido de la tormenta cuando escribe:

El ruido con que rueda la ronca tempestad.

Y Rubén Darío en el verso:

Bajo el ala aleve del leve abanico.

Anáfora. Es la repetición de una palabra o frase al principio del verso:

Los caballos eran fuertes.
Los caballos eran ágiles.

(José Santos Chocano)

Conversión: es cuando la repetición es al final del verso:

Tenía la valentía del que lleva una
espada.
Tenía la cortesía del que lleva una flor.

Y entrando en los salones arrojaba la
espada.
Y entrando en los combates arrojaba
la flor.

(Luis Lloréns Torres)

En estos versos se da la anáfora y al mismo tiempo la conversión.

Antítesis. Consiste en la contraposición de ideas y en la concisión y paralelismo de los miembros:

Tú, libre y yo atado.
Tú, cuerdo y yo loco,
Tú, sano y yo enfermo.

Paradoja: Es la presentación de dos ideas aparentemente opuestas, pero que llegan a conciliarse para expresar una nueva idea. Los místicos la utilizan mucho para expresar su estado de unión con Dios:

Oh muerte que das vida. Oh dulce olvido.

(Fray Luis de León)

Apóstrofe. Es una invocación o pregunta dirigida a un ser presente o ausente o imaginario del cual no se espera respuesta:

¿Cómo te vine en tanto menosprecio?
¿Cómo te fui tan presto aborrecible?
¿Cómo te faltó en mi el conocimiento?

(Garcilaso de la Vega)

Animación o personificación. Consiste en dotar de alma y de vida, movimientos y acciones humanas a los seres animados o inanimados:

Con mi llorar las piedras enternecen
su natural dureza y la quebrantan;
los árboles parece que se inclinan;
las aves que me escuchan, cuando cantan
con diferente voz se condolecen.

Hipérbole. Es una ponderación exagerada y es muy utilizada por la poesía bíblica. Es una exageración literaria para crear la impresión de grandeza o excelencia. En la época barroca se emplea mucho esta figura:

Mientras por competir con tu cabello
oro bruñido al sol relumbra en vano.

Ironía. Expresa una idea mediante la impresión de la contraria. Se utiliza para la burla, la sátira y el humor:

El demonio al tabernero: Harto es que
sudéis el agua, no nos la vendáis por vino.

(Quevedo)

Sinécdoque. Consiste en dar a una cosa el nombre de otra, en virtud de la relación de coexistencia. Las principales formas de sinécdoque son:

1. El género por la especie: «Los mortales» por «los hombres».

2. La especie por el género: «No tengo chavos», por «dinero».

3. El singular por el plural: «El marino se ríe de la muerte».

4. El plural por el singular: «La patria de los Velázquez».

5. La parte por el todo: «Almas» por «hombres».

Metonimia. Consiste en designar una cosa con el nombre de otra con la cual guarda una relación de causalidad.

1. La causa por el efecto: «Leo a Cervantes», por «el libro de Cervantes».

2. El efecto por la causa: «Las canas son dignas de respeto», por «la vejez».

3. El continente por el contenido: «Se bebió una botella».

4. El inventor por la cosa inventada: «Tengo un Ford».

5. Lo abstracto por lo concreto: «la juventud es alegre».

6. Nombrar un objeto con el nombre del país: «Una botella de burdeos».

Imagen: Se elabora la imagen a base de relaciomes o de vivencias psíquicas asociadas de alguna manera en la mente del poeta. Las imágenes son el recurso más rico que tiene el poeta para el embellecimiento de la creación poética. Al mismo tiempo el poeta puede hacer revivir y provocar diversas sensaciones en la mente del lector. Hay imágenes que provocan sensaciones de colores, olfativas, gustativas, ópticas, táctiles y sinestésicas. Las sinestésicas consisten en atribuir cualidades a cosas que no las tienen, pero con las cuales poseen cierta relación: *Trino amarillo; se oye la luz.* Entre las imágenes, las más importantes son la metáfora, el símil y el símbolo.

Metáfora. Antonio Quilis define así la metáfora: «como un cambio semántico por el cual un significante acepta otro significado distinto al propio en virtud de una comparación no expresada: el mar de esta vida».

Algunos autores distinguen entre metáforas concretas que afectan a la imaginación; metáforas afectivas que se refieren al sentimiento y metáforas muertas de tipo intelectual que son comunes a la lengua no literaria:

El Ciprés de Silos

Enhiesto surtidor de sombra y sueño
que acongoja el cielo con su lanza
Chorro que a las estrellas casi alcanza
devanado a sí mismo en loco empeño.

(Gerardo Diego)

En estos versos del poeta Gerardo Diego vemos las metáforas utilizadas por el escritor para crear en el lector las ideas de surtidor, lanza y chorro que tienen un parecido con la forma física del árbol ciprés.

Símil. Es una metáfora donde aparece el término de la comparación. En el ejemplo anterior podríamos cambiar las metáforas por símiles escribiendo: El ciprés de Silos es como un *enhiesto surtidor,* como una lanza y como un chorro. La palabra *como*, es la que separa a la imagen del símil. En la metáfora se elimina la comparación y en el símil se expresa claramente la comparación.

Alegoría: Una continua sucesión de metáforas del mismo objeto recibe el nombre de alegoría. La alegoría es una serie de metáforas para revelar una significación oculta:

> *Pobre barquilla mía*
> *entre las olas desvelada*
> *y entre las olas sola.*
>
> (Lope de Vega)

Símbolo: A. Quilis describe el símbolo como «un elemento lingüístico con función estética que evoca el contenido del objeto significado. La relación entre lo simbolizado y el propio símbolo nunca es convencional, sino que entre sí guardan alguna relación». Para Carlos Bousoño el símbolo tiene dos planos: uno real y otro emotivo. «Todo símbolo —dice— es siempre un foco de indeterminaciones y entrevistas penumbras.» «El pajarillo es como un arcoiris. El arcoiris simboliza la inocencia, la indefensión y la gracia del pajarillo.» (Bousoño, *obra citada*, pág. 138.)

Imagen onírica. Son las imágenes que se fundamentan en dos términos de comparación suscitados en el poeta durante el sueño. Tiene que ver con el subconsciente. No son imágenes universales, sino personales; tiene validez para el poeta que las sueña. Son difíciles de identificar y hace difícil esa poesía por la dificultad de la interpretación.

Imagen visionaria. Carlos Bousoño nos dice que en las imágenes visionarias no se da la igualdad de términos de comparación en lo material, sino que son imágenes visionarias porque producen o despiertan en nosotros un sentimiento parejo al que despierta la cosa real, aunque en sí no se parecen:

> *Un pajarillo es como un arcoiris.*

El arcoiris y el pajarillo no se parecen, pero las dos cosas producen en el poeta un sentimiento de ternura; ahí está la igualdad del sentimiento parejo.

Superposiciones. Carlos Bousoño, en su libro *Teoría de la expresión poética*, pág. 206, define así las superposiciones: «Es un instrumento expresivo de enorme amplitud. Alcanza a incluir cinco modalidades: la metafórica, la temporal, la espacial, la significacional y la situacional. El poeta nos dice que los ojos de su padre:

> *ya miran...*
> *piadosamente mi cabeza cana.*

Hay aquí una superposición temporal, de ver el futuro en tiempo presente. El padre, en presente, ve ya las canas (futuro) de su hijo ahora todavía joven.» (Bousoño, *op cit.*, pág. 207.)

Ruptura del sistema. Consiste en «el contacto establecido por el poeta entre dos o más representaciones, dos adjetivos, de campo diferente. Ramón del Valle Inclán, al hablar del marqués de Bradomín, dice:

> *Era el marqués feo, católico y sentimental.*

Aquí hay tres adjetivos de campo diferente, feo se refiere a lo físico, católico determina la religión y sentimental indica el temperamento del marqués. Se dice ruptura del sistema porque uno espera encontrar los tres adjetivos en el mismo aspecto, y no en diferentes campos.

E. FORMAS DE LA POESIA

En la poesía lírica encontramos varios géneros que por su forma, intención y tradición sirven para expresar sentimientos particulares. De acuerdo a su tono y longitud suelen ser denominados como poemas líricos mayores y menores.

1. *Himno.* Es un canto de alabanza. Son composiciones para ser cantadas, ya que tienen un sentido religioso, nacional o patriótico. A veces un poema puede tener cualidades de himno:

SALUTACIÓN DEL OPTIMISTA

Inclitas razas ubérrimas, sangre de Hispania fecun-
espíritus fraternos, luminosas almas, ¡salve!   [da,
Porque llega el momento en que habrán de cantar
*   [nuevos himnos*
lenguas de gloria. Un vasto rumor llena los ámbi-
*   [tos...*
                                    (Rubén Darío)

2. *Oda.* Composición lírica personal de alguna extensión y tono elevado. Trata de muchos asuntos. La métrica más utilizada en español ha sido la lira y la estancia:

VIDA RETIRADA

¡Qué descansada vida
la del que huye del mundanal rüido
y sigue la escondida
senda, por donde han ido
los pocos sabios que en el mundo han sido!

(Fray Luis de León)

3. *Elegía.* Es un poema lírico extenso que expresa los sentimientos de dolor ante una desgracia personal o colectiva. Suele tener tres partes:

a) Lamentación; b) ubi sunt; c) consolación filosófica.

Nuestras vidas son los ríos
que van a dar en la mar,
que es el morir;
allí van los señoríos
derechos a se acabar
y consumir;
allí los ríos caudales,
allí los otros, medianos
y más chicos
allegados, son iguales
los que viven por sus manos
y los ricos.

(Jorge Manrique, *Coplas a la muerte de su padre*)

4. *Canción.* Es de origen trovadoresco; la canción es de tipo amoroso y es un poema de bastante extensión:

> *Si de mi baja lira*
> *tanto pudiese el son, que un momento*
> *aplacase la ira*
> *del animoso viento,*
> *y la furia del mar y el movimiento.*
>
> (Garcilaso de la Vega, *Canción* V)

5. *Soneto.* Composición muy elaborada de catorce versos endecasílabos, divididos en dos cuartetos y dos tercetos con rima consonante o perfecta. Se exige del soneto densidad de contenido y habilidad artística para resolver la rotundidad de la estrofa:

> *Cerrar podrá mis ojos la postrera*
> *sombra que me llevare el blanco día,*
> *y podrá desatar esta alma mía*
> *hora a su afán ansioso lisonjera;*
>
> *mas no de esotra parte en la ribera*
> *dejará la memoria, en donde ardía;*
> *nadar sabe mi llama la agua fría,*
> *y perder el respeto a la ley severa.*
>
> *Alma a quien todo un Dios prisión ha sido,*
> *venas que humor a tanto fuego han dado,*
> *médulas que han gloriosamente ardido,*
>
> *su cuerpo dejarán, no sin cuidado;*
> *serán cenizas, mas tendrán sentido;*
> *polvo serán, mas polvo enamorado.*
>
> (Francisco de Quevedo)

6. *Madrigal.* Poema breve de tipo amoroso; suele ser ingenioso con un pensamiento delicado:

MADRIGAL

Y no será una noche
sublime de huracán, en que las olas
toquen los cielos... Tu barquilla leve
naufragará de día, un día claro
en que el mar esté alegre...
Te matarán jugando. Es el destino
terrible de los débiles...
Mientras un sol espléndido
sube al cenit, hermoso como siempre.

(Manuel Machado)

7. *Glosa.* Es un poema breve que comenta otros
versos. Los primeros versos son aludidos en su-
cesivas estrofas:

Puesto ya el pie en el estribo
con las ansias de la muerte,
Señora, aqueste te escribo,
pues partir no puedo vivo.
cuanto más volver a verte.

(Lope de Vega)

La glosa consiste en escribir una estrofa nueva en
que se comenta cada uno de estos versos.

8. *Egloga.* Es un poema de tipo pastoril, bucóli-
co. Contiene elementos dramáticos, intervienen pas-
tores que dialogan y expresan sus cuitas amorosas:

Corrientes aguas, puras, cristalinas,
árboles que os estáis mirando en ellas,
verde prado de fresca sombra lleno,
aves que aquí sembráis vuestras querellas
yedra que por los árboles caminas,
torciendo el paso por su verde seno;
yo me vi tan ajeno
del grave mal que siento,
que de puro contento
con vuestra soledad me recreaba,
donde con dulce sueño reposaba,
o con el pensamiento discurría
por donde no hallaba
sino memorias llenas de alegría.

(Garcilaso de la Vega, *Egloga primera*)

9. *Epigrama.* Es un breve poema festivo. Frecuentemente son compuestos para inscribirse como epitafio sobre la lápida de una tumba:

EPITAFIO PARA UN RECTOR

De un epitafio honorífico
a un Magnífico Rector,
un punto será el autor:
Se murió el Rector. Magnífico.

(Ernesto Montaner)

F. RIMA

Una de las características del verso español es la rima. Aunque en la poesía contemporánea muchas veces los poetas eliminan la rima, sin embargo, la rima es una parte importante en la composición del verso.

La rima, según la define A. Quilis, es «la total o parcial identidad acústica entre dos o más versos, de las sílabas situadas a partir de la última vocal acentuada»:

> *Matinal y divino.*
> *Campanas provinciales.*
> *A fuerza de rosales*
> *de virgen y de trino.*

> (Rubén Darío)

Las palabras trino y divino riman perfectamente a partir de la *i* acentuada de trino. Provinciales y rosales riman perfectamente a partir de la *á* acentuada: ales - ales.

Clases de rima. La rima puede ser total o consonante; parcial o asonante.

Rima total. Es cuando todas las vocales y consonantes a partir de la sílaba acentuada en la última palabra del verso son iguales y suenan lo mismo:

*Juventud, divino tes*oro.
*ya te vas para no vol*ver.
*Cuando quiero llorar, no llo*ro...
*y a veces lloro sin que*rer.

                (Rubén Darío)

Las sílabas oro de tesoro y oro de lloro riman totalmente, ya que las vocales y las consonantes son idénticas en ambos versos. *Er* en volver y *er* en querer son idénticas.

Rima parcial. Es cuando riman las vocales y las consonantes varían:

Con lilas llenas de agua
le golpeé las espaldas.
Y toda su carne blanca
se enjoyó de gotas claras.

En estos cuatro versos de Juan Ramón Jiménez se da la rima parcial o asonantada. Unicamente son idénticas las vocales a-a; en agua, espaldas, blanca y claras; las consonantes son diferentes. Esto hace que la rima sea imperfecta, parcial o asonante.

La rima de la última palabra del verso puede ser aguda, llana o grave y esdrújula, dependiendo de lo que sea la palabra final del verso. En el modernismo estuvo muy de moda el que las rimas fueran esdrújulas.

Rima esdrújula. Se da esta clase de rima cuando la palabra final del verso es esdrújula.

Ay, fuga mojada y cándida,
Sobre la arena pálida.

          (Juan Ramón Jiménez)

Rima aguda. Cuando la palabra final de verso es aguda:

> *Arquitectura plena.*
> *Equilibrio ideal.*
> *Las olas verticales*
> *Y el mar horizontal.*

> (Gerardo Diego)

Rima llana o grave. Se produce esta rima cuando la palabra final del verso es llana o grave:

> *Y tembló de amor, toda su primavera ardiente,*
> *y ahora, al otoño, anégase de verdad y tristeza.*
> *El «de morir tenemos» pasa sobre su frente.*
> *En todo agudo bronce, cuando la noche empieza.*

Esquema de las rimas. La disposición que las rimas pueden adoptar ofrece una gran variedad. Para indicar el esquema de la rima utilizamos las letras mayúsculas para los versos de arte mayor y las minúsculas para los versos de arte menor:

> *La blanca niña que adoro*
> *lleva al templo su oración,*
> *y, como un piano sonoro,*
> *suena el piso bajo el oro*
> *de su empinado tacón.*

> (Fabio Fiallo)

Esquema de la rima de este poema: *abaab* (con minúsculas, porque son versos de arte menor).

Yo hacía una divina labor sobre la roca
creciente del orgullo. De la vida lejana
algún pétalo vivido me voló en la mañana,
algún beso en la noche, tenaz como una loca.

El esquema de la rima es ABBA, porque son versos de arte mayor.

En la rima parcial o imperfecta riman únicamente las vocales o la vocal final si la palabra es aguda:

Dejad que pasen los arroyos,
dejad que vuelen mis lágrimas.
No permitáis, en cambio, que se acerquen
las ventanas lejanas.

En estos cuatro versos hay una rima parcial; el verso segundo y el cuarto riman en a-a; la palabra lágrima esdrújula tiene dos vocales que se cuentan para la rima parcial; la i no se cuenta para nada en este verso, y la palabra lejana, que es llana se le cuenta las dos últimas vocales.

G. METRICA

Métrica es una parte de la ciencia literaria que trata de la medida y estructura de los versos, de las estrofas y del poema como totalidad. El verso determina su configuración mediante la combinación de sílabas, acentos, pausas y rima.

El verso. Es la unidad más pequeña, y no tiene razón de ser sino en función de otros versos para formar la estrofa y con las estrofas el poema. El verso español se forma por la combinación de sílabas tónicas y átonas, siendo el acento lo más importante en las palabras y, por consiguiente, en el verso. La medida de los versos depende del número de sílabas. Unas sílabas llevan acento y otras no; la combinación de sílabas acentuadas y no acentuadas dan lugar a la formación de un verso. En español, en toda palabra siempre hay una sílaba que lleva el acento. Las palabras en español se dividen en: agudas, si su acento cae sobre la última sílaba, como en *caracol, cortés, corazón;* llanas o graves, si su acento recae en la penúltima sílaba, como en *libro, aceituna y hábil;* y esdrújulas, si el acento recae en la antepenúltima, como en *lágrima, lóbrego, espectáculo.*

Versos agudos. Se llaman versos agudos cuando el acento recae en la última sílaba de la palabra que es la palabra final del verso:

Tierras vírgenes de amor.

Versos llanos o graves: cuando el acento cae sobre la penúltima sílaba de la palabra en la última palabra del verso:

*Triste voluntad rendida
al dolor de la pobreza.*

Verso esdrújulo. Cuando el acento recae en la antepenúltima sílaba de la palabra en la palabra final del verso:

Escogí entre un asunto grotesco y otro trágico,
llamé a todos los ritmos con un conjuro mágico.

Medida de los versos. Para la medida de los versos se cuentan todas las sílabas desde la primera
hasta la final:

> **1 2 3 4 5 6**
> *des-de-mi-ven-ta-na* = 6 sílabas métricas
> *cam-po-de-Ba-e-za* = 6 sílabas métricas
> *a-la-lu-na-cla-ra*   = 6 sílabas métricas

Todos los versos anteriores tienen seis (6) sílabas
métricas.

Verso agudo. Si el verso termina en sílaba aguda
entonces la medida de las sílabas cambia y se le
añade una más:

> **1 2 3 4 5 + 1**
> *Por-un-ven-ta-nal-* = 5 sílabas más 1 = 6
> *en-tró-la-le-chu-za-* = 6 sílabas
> *en-la-ca-te-dral*   = 5 más 1 = 6

En estos versos, la palabra *ventanal* es aguda y al
verso agudo se le añade una sílaba más; tiene cinco
más una por ser aguda, da un total de seis (6). Lo
mismo sucede con la palabra *catedral*, que es agudo y se le añade una sílaba más al final del verso.
Esto no sucede si la palabra aguda está dentro del
verso; tiene que ser únicamente cuando la palabra
final de verso es aguda.

Verso esdrújulo. Si la palabra final del verso es
esdrújula entonces al contar las sílabas se le resta
una sílaba:

1 2 3   4 5 6 7 8

Ba-jo-las-rien-das-frá-gi-les = 8—1 = 7 sílabas
métricas

co-mo-cor-ce-les-á-gi-les = 8—1 = 7 sílabas
métricas

Verso llano o grave. En el verso llano se cuentan todas las sílabas sin añadir ni quitar ninguna:

su-cin-tu-rón-ro-sa-do = 7 sílabas
des-ci-ñe-la-ma-ña-na. = 7 sílabas

Fenómenos métricos. Hasta ahora dimos las reglas generales para la medida de las sílabas métricas. Sin embargo, hay algunos casos donde los grupos vocálicos pueden modificar la medida de las sílabas.

1. *Sinalefa.* Se da la sinalefa cuando una palabra termina en vocal y la siguiente comienza también por vocal. Consiste la sinalefa en la unión de la vocal final con la vocal inicial de la otra palabra inmediata. Entonces, métricamente, no son dos sílabas sino una:

ves-ti-da-dei-no-cen-cia = 7 sílabas
cre-i-de-nue-voen-e-lla = 7 sílabas

En estos dos versos se ha producido una sinalefa entre la palabra *de* y la palabra *inocencia;* y entre la palabra *nuevo* y *en.* Estas vocales inmediatas han producido un solo sonido fónico y se cuenta por una sola sílaba.

2. *Sinéresis.* Consiste en la pronunciación en una sola sílaba de dos vocales fuertes que ordinariamente se pronuncian por separado:

crea-dor en vez de *cre-a-dor.*
fae-na por *fa-e-na*

En estos dos casos se da la sinéresis al unir dos vocales que por su naturaleza fonológica se pronuncian por separado. En vez de tres sílabas métricas en estos dos casos tendríamos dos sílabas métricas. El poeta utiliza este recurso cuando ve que le sobra alguna sílaba al componer un verso y recurre a este procedimiento.

3. *Diéresis.* Consiste en separar dos vocales que ordinariamente se pronuncian juntas. Es el fenómeno contrario de la sinéresis. Los vocales que forman diptongo se separan:

en-el-ne-gro-pi-a-no = 7 sílabas en vez de 6
vien-to su-a-ve = 5 sílabas métricas.

Las palabras *piano* y *suave* forman un diptongo, pero se ha separado el diptongo para contar una sílaba más en el verso. *Ia-ua* se pronuncian *i-a* y *u-a* al contar las sílabas en el verso.

4. *Hiato.* Consiste en la separación de dos vocales inmediatas; si una palabra termina en vocal y la siguiente empieza por vocal en vez de unirse para formar la sinalefa, se separan para formar un hiato. Una de las vocales suele estar acentuada:

cómo / es bella y hermosa.

H.   CLASIFICACION DE LOS VERSOS

1.   *Versos simples.* Constan de un solo verso:

> *Oh la celeste canción*
> *del delirante fervor.*

2.   *Versos compuestos.* Constan de dos versos unidos.

> *El jardín puebla el triunfo*
> *de los pavos reales.*

3.   *Versos simples de arte menor.* Tienen 8 sílabas, o menos:

> *Vino, primero, pura*
> *vestida de inocencia;*

4.   *Versos simples de arte mayor.* Los que tienen más de 8 sílabas y menos de 12 sílabas:

> *Yo soy aquel que ayer no más decía*
> *el verso azul y la canción profana.*

5.   *Versos de arte mayor compuestos,* son los que tienen de 12 sílabas en adelante; se llaman compuestos porque se componen de dos versos simples:

> *La dulzura del Angelus matinal y divino*
> *que diluyen ingenuas campanas provinciales*

a) Versos de arte menor

Los versos simples de arte menor reciben el nombre según el número de sílabas que tengan el verso. En español no hay versos de una sílaba, ya que los monosílabos al ser agudos hay que añadirles una sílaba más.

Bisílabos. Son aquellos versos que tienen dos sílabas métricas:

> *leve*
> *breve*
> *son.*
>
> (José de Espronceda)

Estos tres versos tienen dos sílabas cada uno. La palabra son, por ser aguda, se le añade una sílaba más, dando un total de dos sílabas. Los románticos del siglo XIX utilizaron mucho los versos bisílabos para dar variedad a los poemas.

Trisílabos. Versos que tienen tres sílabas métricas:

> *tan dulce*
> *suspira*
> *la lira,*
> *que hirió*
> *en blando*
> *concepto*
> *del viento*
> *la voz.*
>
> (José de Espronceda)

Tetrasílabos. Son versos que tienen cuatro sílabas métricas:

Veinte presas
hemos hecho
a despecho
del inglés,
y han rendido
sus pendones
cien naciones
a mis pies.

(José de Espronceda)

Pentasílabos. Versos de cinco sílabas métricas:

lenta y morada
en los cristales
y en la mirada.

(Xavier Villaurrutia)

Hexasílabos. Son versos con seis sílabas métricas:

Por la sierra blanca...
La nieve menuda
y el viento de cara.
Por entre los pinos...
Con la nieve blanca
se borra el camino.
Recio viento sopla
de Urbión a Moncayo
Páramos de Soria.

(Antonio Machado)

Heptasílabos. Constan de siete sílabas y se usa mucho en combinación con versos de once sílabas para formar las estrofas llamadas lira y silva:

Vino, primero, pura
vestida de inocencia;
y la amé como un niño

(Juan Ramón Jiménez)

Octosílabos. Es el verso más popular de los de arte
menor. Se usa mucho en la poesía española. Consta
de ocho sílabas métricas. Es el verso esencial de la
poesía popular en lengua española:

Yo soy un hombre sincero
de donde crece la palma;
y antes de morirme quiero
echar mis versos del alma

(José Martí)

b) VERSOS DE ARTE MAYOR

Eneasílabos. Son versos de nueve sílabas métricas.
No son muy empleados en la versificación española.
Sin embargo, durante el modernismo se pusieron
de moda:

Juventud, divino tesoro,
Ya te vas para no volver.
Cuando quiero llorar, no lloro...
y a veces lloro sin querer.

(Rubén Darío)

Decasílabos. Son versos que tienen diez sílabas
métricas:

> Este es el muro y en la ventana
> que tiene un marco de enredadera,
> dejé mis versos una mañana,
> una mañana de primavera.

Endecasílabos. Son versos de once sílabas y fueron introducidos en España por Garcilaso. Llevan los acentos rítmicos en la sexta y la décima sílabas. o en la cuarta, la octava y la décima sílaba:

> Oh dulces prendas por mi mal halladas,
> dulces y alegres cuando Dios quería,
> juntas estáis en la memoria mía,
> y con ella en mi muerte conjuradas
>
> (Garcilaso de la Vega)

c) VERSOS COMPUESTOS

Los versos de doce sílabas en adelante son versos compuestos de dos simples divididos por una *cesura.* No se da la *sinalefa* donde hay la *cesura* o división de los versos simples para formar el compuesto.

Dodecasílabos. Son versos de doce sílabas con una cesura:

> Era un aire suave / de pausados giros;
> el hada Armonía / ritmaba sus vuelos;
> e iban frases vagas / y tenues suspiros
> entre los sollozos / de los violoncelos.

Tridecasílabos. Son versos de trece sílabas:

> En los instantes / del silencio misterioso.
> cuando surgen de su / prisión los olvidados.
>
> (Rubén Darío)

Tetradecasílabos o alejandrinos. Son versos de catorce sílabas con una cesura en el medio:

Dos lánguidos camellos / de elásticas cervices,
de verdes ojos claros / y piel sedosa y rubia,
los cuellos recogidos / hinchadas las narices,
a grandes pasos miden / un arenal de Nubia.

(G. Valencia)

Pentadecasílabos. Versos que tienen 15 sílabas métricas:

Un Dios misterioso y extraño visita la selva.
Es un Dios silencioso que tiene brazos abiertos.

Hay, además, versos de 16, 17, 18, 19, y 20 sílabas métricas formados por combinación de versos simples. Y también de 21, 22, 23, 24 y más sílabas. Ejemplo:

Una noche / toda llena / de murmullos / de perfu-
mes / y de música de alas,
en que ardían / en la sombra / nupcial y húme-
da / las luciérnagas fantásticas.

(J. A. Silva)

d) ESTROFAS

La unión de varios versos forman la estrofa. Según tengan los versos ciertas características así forman distinta clase de estrofas. Vamos a ver ahora la estructura de las distintas clases de estrofas.

Pareados. El pareado es una estrofa de dos versos con el mismo número de sílabas y la misma rima:

*La ronda... los recuerdos... la luna no vertía
allí ni un sólo rayo; temblabas y eras mía.*

(J. A. Silva)

Tercetos. Es una estrofa de tres versos que riman ABA y luego se encadenan hasta formar los llamados tercetos encadenados que terminan con una estrofa de cuatro versos para cerrar la cadena:

*La tarde con ligera pincelada
apuntó en su matiz crisoberilo
una sutil decoración morada.
Las hojas agravaban su sigilio
poblóse de murciélagos el combo
y la araña tejió la punta de hilo.*

(Leopoldo Lugones)

Cuartetos. Son cuatro versos de arte mayor que riman ABBA:

*Gemían los rebaños. Los caminos
llenábanse de lúgubres cortejos;
una congoja de holocaustos viejos
ahogaba los silencios campesinos.*

Serventesio. Es una estrofa de cuatro versos de arte mayor que riman ABAB:

*Aquél que celebraba sus núpcias en la hora
de la otoñal cordura, ceñido de laurel,
bajó la vista al suelo... La carne pecadora*

*se acurrucó a sus plantas como una bestia
fiel.*

(E. González)

Redondilla. Es una estrofa de cuatro versos de arte menor, que riman *abba*:

*Tiene el leopardo un abrigo
en su monte seco y pardo;
yo tengo más que el leopardo,
porque tengo un buen amigo.*

(José Martí)

Cuarteta. Es una estrofa de cuatro versos de arte menor que riman *abab*:

*Ayer soñé que veía
a Dios y que Dios hablaba,
y soñé que Dios me oía...
Después soñé que soñaba.*

(Antonio Machado)

Quinteto. Es una estrofa de cinco versos de arte mayor que riman AABAB:

*Torvo fraile del templo solitario
que al fulgor de nocturno lampadario
o a la pálida luz de las auroras
desgranas de tus culpas el rosario....
Yo quisiera llorar como tú lloras.*

(Juan José Tablada)

Quintilla. Es una estrofa de cinco versos de arte menor que riman en varias combinaciones: *ababa, abaab, abbab, aabab.* Ejemplo:

No en las vegas de Jarama
pacieron la verde grama;
nunca animales tan fieros
junto al puente que se llama
por sus peces, de Viveros.

(N. Fernández de Moratín)

Lira es una estrofa de cinco versos, combinados entre endecasílabos y heptasílabos. El segundo y el quinto son endecasílabos y el primero, tercero y cuarto heptasílabos. Fue creada por Garcilaso de la Vega. Ejemplo:

Si de mi baja lira
tanto pudiese el son, que en un momento
aplacase la ira
del animoso viento
y la furia del mar y el movimiento.

El esquema de la rima es *aBabB*.

Octava real. Es una estrofa de ocho versos de arte mayor que riman ABABABCC:

Cerca del Tajo en soledad amena,
de verdes sauces hay una espesura,
toda de hierba revestida y llena,
que por el tronco va hasta el altura,
y así la teje arriba y encadena
que el sol no halla paso a la verdura;
el agua baña el prado con sonido,
alegrando la vista y el oído.

(Garcilaso de la Vega)

Octavilla. Es una estrofa de ocho versos de arte menor con varios esquemas de rima:

> *Todo Señor, diciendo*
> *está los grandes días*
> *de lutos y agonías*
> *de muerte y orfandad;*
> *que del pecado horrendo*
> *envuelta en un sudario,*
> *pasa por un calvario*
> *la ciega humanidad.*
>
> (F. G. Tassara)

Décima. Llamada también espinela, por haber sido inventada por Vicente Espinel en el siglo XVI. Consta de 10 versos de arte menor con un esquema de rima fijo: abbaaccddc. En Puerto Rico, la décima es una de las formas estróficas más populares:

> *Llora, llora, corazón*
> *que ves pasar el olvido*
> *lo que en nosotros ha sido*
> *encanto, dicha, ilusión.*
> *Ya se fue la tradición*
> *que más nuestros nos hacía.*
> *Ay, Madre Melancolía.*
> *Que ya no somos nosotros.*
> *Ahora es igual que los otros*
> *el que fue nuestro gran día.*
>
> (Virgilio Dávila)

Coplas de pie quebrado. Es una combinación de versos de arte mayor y versos de arte menor, ordinariamente de cuatro sílabas; la estructura de la rima es ABc, Abc:

Recuerde el alma dormida,
avive el seso y despierte
contemplando
cómo se pasa la vida,
cómo se viene la muerte
tan callando;
cuán presto se va el placer,
cómo, después de acordado
da dolor,
cómo a nuestro parecer
cualquier tiempo pasado
fue mejor.

(Jorge Manrique)

Estancia larga o canción. Es una combinación de versos endecasílabos y heptasílabos, variable, con rima al arbitrio del poeta. Fue utilizada por Garcilaso de la Vega:

Como al partir del sol la sombra crece,
y en cayendo su rayo se levanta
la negra oscuridad que el mundo cubre,
de do viene el temor que nos espanta,
y la medrosa forma en que se ofrece
aquello que la noche nos encubre,
hasta que el sol descubre
su luz pura y hermosa;
tal es la tenebrosa
noche de tu partir, en que he quedado
de sombra y de temor atormentado,
hasta que muerte el tiempo determine
que a ver el deseado
sol de tu clara vista me encamine.

(Garcilaso de la Vega)

Silva. La silva se compone de una serie ilimitada de endecasílabos y heptasílabos. El poeta determina a su gusto los endecasílabos y los heptasílabos y también la estructura de rima.

Romance. Consta de una serie indefinida de versos octosílabos en la que los versos pares riman en asonante o rima parcial y los versos impares no tienen rima, son libres.

> *Verde que te quiero verde.*
> *Verde viento. Verdes ramas.*
> *El barco sobre la mar*
> *y el caballo en la montaña.*
> *Con la sombra en la cintura,*
> *ella sueña en su baranda,*
> *verde carne, pelo verde*
> *con ojos de fría plata.*
> *Verde que te quiero verde.*
> *Bajo la luna gitana,*
> *las cosas la están mirando*
> *y ella no puede mirarlas.*
>
> (F. García Lorca)

Cuando el romance tiene menos de ocho sílabas recibe los nombres de:

1. *Endecha,* si los versos tienen siete sílabas

2. *Romancillo,* si tienen menos de siete.

3. *Romance heroico,* si los versos tienen once sílabas.

Soneto. Es un poema de catorce versos distribuidos en dos cuartetos y dos tercetos. Procedentes de la Italia del Renacimiento, lo introdujeron en España Juan Boscán y Garcilaso de la Vega.

El esquema de rima del soneto clásico es: ABBA-ABBA-CDC-DCD.

Aparte de esta estructura de rima, se dan otras formas:

PALOMA SIN NOMBRAR

Un diminuto blancor sin sosiego,
Una ciencia de llanto constelado,
un pie de oro sobre el yermo alado,
una fragancia detenida en ruego.

Una dolencia errátil de ser fuego,
un laberinto, un mar deshabitado,
una vigilia de lo azul, un hado
de estrella pensativa en que me anego.

Qué palabra mortal revive sola.
Tu olvido, qué penumbra sensitiva
hace rodar en la inmolada esfera.

Cae el silencio muere una amapola.
Y tú en la noche con la muerte viva,
paloma sin nombrar, la luz te espera.

(Matos Paoli)

Versos libres. En estos poemas, los versos no están sometidos a la medida métrica, carecen de rima, no siguen la distribución estrófica. Se utiliza mucho en la poesía contemporánea:

Soy como un niño distraído,
que arrastran de la mano
por la fiesta del mundo.

Los ojos se me cuelgan, tristes,
de las cosas...
Y qué dolor cuando me tiran de ellos.

(Juan Ramón Jiménez)

ANALISIS DEL POEMA

A. **Estructura del poema**

    1. Análisis métrico

        a) Sílabas métricas

        b) Acentos rítmicos

        c) Pausas

        d) Musicalidad

        e) Encabezamiento

    2. Análisis de la rima

        a) Rima perfecta

        b) Rima parcial o imperfecta

        c) Versos libres

3. Análisis de las estrofas

   a) Versos

4. Análisis del poema

B. **Estructura interna del poema**

   1. Tema del poema

   2. Asunto

   3. Introducción, desarrollo y clímax del poema

   4. Síntesis del poema

C. **Lenguaje poético**

   1. Los significantes

   2. Los significados

   3. Imágenes utilizadas

   4. Recursos poéticos

   5. Simbolismo

BIBLIOGRAFIA

ALONSO, Amado: *Materia y forma en poesía*. Madrid, Gredos, 1955.

ALONSO, Dámaso: *Poesía española*. Madrid, Gredos, 1950.

BOUSOÑO, Carlos: *Teoría de la expresión poética*. Madrid, Gredos, 1962 (3.ª edición).

COHEN, Jean: *Estructura del lenguaje poético*. Madrid, Gredos, 1970.

CRESSOT, M.: *Le style et ses techniques*. París, P. U. F. (6.ª edición), 1969.

GUIRAUD, P.: *La stylistique*. París, P. U. F., 1969.

KAYSER, Wolfgang: *Interpretación y análisis de la obra literaria*. Madrid, Gredos, 1961 (3.ª edición).

MAROUZEAU, J.: *Précis de stylistique française*. París, Masson, 1969.

QUILIS, Antonio: *Métrica española*. Madrid, 1969.

ULLMANN, Stephen: *Lenguaje y estilo*. Madrid, 1971.

WELLEK,, René y Austin WARREN: *Teoría literaria*. Madrid, Gredos, 3.ª edición, 1962.

SEGUNDA UNIDAD
EL ENSAYO

A. CONCEPTOS GENERALES SOBRE EL ENSAYO

1. CONCEPTO DE ENSAYO

La palabra *ensayo* procede de la latina *exagium*, cuya significación era 'peso' y se relacionaba con el análisis de la moneda o metales para descubrir su ley. En su acepción más amplia equivale a tratar algo, probar algo, acometer o esforzarse en algo. En literatura es un escrito en prosa, generalmente breve, que expone sin rigor sistemático, pero con hondura, madurez y emoción, una interpretación personal sobre cualquier tema, sea filosófico, religioso, histórico, literario, etc., sin seguir un orden riguroso como en el tratado doctrinal, ni pretender agotar la materia. Como dice Lapesa, «la misión suya es plantear cuestiones y señalar caminos, más que asentar soluciones firmes; por eso toma aspecto de amena divagación literaria».

Ortega y Gasset definió el ensayo como «disertación científica sin prueba explícita». El vocablo *en-*

sayo comienza a utilizarse en España a principios del siglo XVIII. En Francia recibe el nombre de *essai* con la significación de «estudio provisional o incompleto de carácter histórico o científico».

Aunque la palabra *ensayo* es la más común para designar el género, sin embargo hay otros nombres para designarlo como *estudios, notas, apuntes, divagaciones, meditaciones.*

2. Características fundamentales

Es uno de los géneros más modernos y de mayor cultivo hoy. Sus fronteras formales son imprecisas. Por un lado colinda con el tratado, con la didáctica; por otro, con la crítica y con el periodismo. Este es teóricamente más informativo y adicto a la actualidad, pero ocurre que muchos ensayos se publican primero como artículos en una revista o periódico y luego el autor los recoge en forma de libro.

Los contenidos del ensayo son muy variados. El escritor puede exponer allí ideas religiosas, filosóficas, morales, estéticas o literarias. Sin embargo, no menor importancia tienen los sentimientos del propio autor, su carácter, sus fantasías, sus amores y sus aversiones, por lo cual podemos afirmar que el ensayo está más próximo a la poesía lírica que a la novela o al drama.

B. HISTORIA DEL GENERO

En la historia del género literario, conocido como ensayo, no queremos remontarnos a sus más antiguos antecedentes del *Ecclesiastés*, Platón, Teofrasto, Cicerón, Séneca y otros, sino que comenzaremos con la figura que inicia el ensayo moderno: Miguel de Montaigne (1533-1592). Es el autor de los *Essais* (1580) de donde se toma directamente el nombre y el espíritu del moderno género. Sus ensayos eran composiciones en prosa, cortas e informales en las cuales trataba de sí mismo y de sus opiniones personales sobre hechos y cosas. Como dijo Ortega y Gasset: «Yo soy yo y mi circunstancia». Montaigne revolucionó el género al utilizarlo como un medio «para decir como autor lo que sentía como hombre» según William Hazlitt. La contribución principal de Montaigne al ensayo fue darle la nota personal y lograr un estilo fácil, natural, sin rigor sistemático.

Antes de la aparición del ensayo al estilo de Montaigne, España nos ofrece autores que bien podrían señalarse como ensayistas: Juan Manuel (1282-1349) con *De las maneras de amor, Tratado en que se prueba por razón que Sancta María está en cuerpo y alma en Paraíso;* Juan Luis Vives (1492-1540) y su obra de tema social *De subventione pauperum;* Fray Antonio de Guevara (1480-1545) nos deja entre otros su *Relox de príncipes* y *Aviso de privados y doctrina de cortesanos;* Fray Luis de León (1527-1591) con sus comentarios de textos bíblicos y tratados teológicos:

De incarnatione, De fide, de spe, De charitate; Baltasar Gracián (1601-1658), su obra *El criticón* posee material ensayístico.

El ensayo hispánico no se desarrolla propiamente hasta el siglo XVIII junto a la creciente preocupación por los problemas de España. En dicho siglo el género va a diferir grandemente del siglo anterior. No es la nota personal la sobresaliente sino que el interés va a girar alrededor de la política, la sociedad y sus instituciones y el comportamiento y costumbres de las gentes. El siglo XVIII desarrolla el ensayo periodístico en que se analiza y critica la política, la vida social y el mundo literario contemporáneo. El ensayo llegó a ser didáctico y sociológico y perdió mucho de lo personal; el concepto colectivo dieciochesco mitigó el individualismo. Por otro lado el estilo adquirió más naturalidad, más ligereza, mayor espíritu conversacional. Además de los ensayos de carácter político y social el siglo ofreció ensayos de tono moral, pinturas de caracteres y de crítica literaria. Se distinguen en España en este período los siguientes escritores:

Fray Benito Jerónimo Feijóo (1676-1764), la figura más representativa de su época se llama a sí mismo «ciudadano libre de la república de las letras». Con la libertad de conciencia que reclama y practica a plenitud formó dos volúmenes que encierran doscientos sesenta y un trabajos sobre una tremenda variedad temática: filosofía, historia, ciencias, supercherías, lingüística, etc. Estos trabajos lo clasifican como el primero y verdadero ensayista español en la acepción actual de la palabra. Su *Teatro Crítico* y sus *Cartas eruditas* llevan la nota personal y la falta de rigor científico que caracterizan al ensayo.

Gaspar Melchor de Jovellanos (1744-1811), cultivó todos los géneros literarios y entre ellos el ensayo. De gran cultura y gusto exquisito supo desarrollar un estilo de gran belleza. Como ensayista se puede considerar en sus obras *Informes sobre la Ley agraria* y su *Diario*.

José Cadalso (1741-1782) es una de las grandes figuras del siglo XVIII en España. Gran viajero, supo empaparse de las nuevas ideas del siglo para traerlas a España. Gran ingenio muestra en sus obras *Los eruditos a la violeta* y *El buen militar a la violeta*. Como un ensayo largo puede considerarse su obra *Cartas marruecas* (1789) donde hace una crítica seria y juiciosa de los defectos de su patria. Esta obra lo une a la que luego se llamaría «Generación del 98».

Los siglos XIX y XX ofrecen a España un nuevo cuadro en el desarrollo del ensayo: cambian una vez más su naturaleza y su carácter. Recordemos que el ensayo en el siglo XVII era personal, moralista y reflexivo; el del siglo XVIII era sociológico, didáctico y crítico. El ensayo de los siglos XIX y XX incluye ambas tendencias pero ampliadas y perfeccionadas por los autores de la época. El nuevo tipo de ensayo se caracteriza por la mayor variedad temática, mayor longitud y mayor y más cuidadoso toque literario. Adquiere también individualidad estilística al aumentar la nota personal. La remuneración ofrecida por periódicos y revistas y el haber revivido a Montaigne llevaron a los autores del siglo XIX a la superación del género; superación que se sigue buscando en nuestros tiempos.

Entre los grandes ensayistas españoles del siglo XIX se destacan:

Mariano José de Larra (1809-1837). Sobresalió como escritor de artículos periodísticos, especialmente en los de crítica dramática. Fue el periodista mejor pagado de su tiempo. Recogió sus artículos en su *Colección de artículos dramáticos, literarios, políticos y de costumbres.* Tiene un estilo llano y natural. Se preocupó por España y su destino, lo cual lo hace precursor de Ganivet, Unamuno, Azorín, etc.

Juan Donoso Cortés (1809-1853)—, político, escritor, orador, ministro plenipotenciario. Participó en los problemas de España y su tiempo. Uno de sus mejores ensayos es *Ensayo sobre el catolicismo, el liberalismo y el socialismo* (1851).

Leopoldo Alas, «Clarín» (1852-1901), crítico literario en sus *Solos* y sus *Paliques.* Severo y a veces mordaz aunque siempre justo y respetuoso.

Joaquín Costa (1844-1911), político, jurista, notario, historiador, erudito. Escribió ensayos de crítica literaria (*La poesía popular*), temas agrarios (*El colectivismo agrario*), temas jurídicos (*Teoría del hecho jurídico, individual y social*). Es otro de los preocupados por el destino de España, que entroncan con la «Generación del 98».

La generación antes mencionada aparece a fines del siglo XIX agrupando un núcleo de escritores que descuellan principalmente en el ensayo y que los une espiritualmente el fracaso colonial y español de 1898. Los de más edad, como Unamuno, ya habían empezado a escribir antes de 1898 y los más jóvenes fueron apareciendo alrededor de 1900. Todos sufren la angustia de una España que a unos les parecía decadente, a otros abúlica, a otros dormida, a otros en actitud de espera. Aún a otros les preocupa-

ba la causa del mal de España y la solución del mal.
La renovación de España los lleva a la renovación literaria revalorando las tradiciones artísticas españolas. Recorren la tierra española, el arte español, la historia de España, la literatura española bajo sus deseos reformistas y llegan a conocerla y amarla profundamente. Surgen obras en una nueva lengua libre de afectación, llana y sincera a la vez que aguda y fuerte. Sin pretensión de calificarlos ni clasificarlos ofrecemos los más destacados de los ensayistas de la «Generación del 98».

Miguel de Unamuno y Jugo (1864-1936), que es ante todo ensayista, y el más ilustre de la literatura contemporánea con sus siete tomos de *Ensayos* y con otras obras como *Por tierras de Portugal y de España, Soliloquios y conversaciones, Contra esto y aquello, La agonía del cristianismo*, etc. Su espíritu combativo hace del ensayo el vehículo de su inquietud religiosa y de sus ideas políticas y literarias, enlazadas por un profundo sentido poético y un dominio de la paradoja, de la antítesis y de todos los recursos del léxico.

Contemporáneos o posteriores a Unamuno son Angel Ganivet (1862-1898). Sus ensayos sirven para exponer sus ideas personales frente a los problemas que trata, bien sean individuales o bien sociales y entre los cuales descuellan *Idearium español, Cartas finlandesas* y *Granada la bella*.

José Martínez Ruiz, «Azorín» (1873-1967). Se inicia en la carrera literaria como folletinista con *La crítica literaria en España* (1893), línea que jamás volverá a abandonar. Su primer ensayo de madurez es *El alma castellana*. Con la obra *La voluntad* (1902) inicia su seudónimo *Azorín* con el cual produce sus más grandes obras: *La ruta de Don Quijote, Castilla, Al margen de los clásicos, Una hora de España, Pensando en España*, etc. Vive y siente a España, la cual quiere descubrir para los españoles en sus paisajes y sus libros. Su gran sensibilidad lo lleva a sentir líricamente a España dentro de su tiempo, el gran tema de Azorín; sentir que se desborda en una lengua común, sin retoricismos, cortada y breve, pero llena de emoción.

José Ortega y Gasset (1883-1955) se inició en 1902 como escritor colaborando en diarios y revistas. Su labor literaria es muy extensa y ha sido recogida en una edición de sus *Obras completas*, diez volúmenes *(Rev. Occidente)*. Su labor como ensayista se vacía en conferencias, artículos y libros que han servido a los hombres en la búsqueda de la verdad. Su estilo es muy personal y en él capta lo mudable del mundo, pero como ser actuante y no extático o narrativo. Utiliza todos los recursos del idioma con gran brillantez —comparaciones, metáforas, imágenes— por medio de un vocabulario selecto a la vez que sencillo y claro, logrando a veces extraordinaria musicalidad. Entre sus ensayos los encontramos de todas clases: exposiciones de ideas, ensayos de crítica y ensayos de creación: *Meditaciones del Quijote, El espectador* (1916-1934) —ocho volúmenes— entre los cuales cabe mencionar *Tres cuadros del vino, Azorín: primores de lo vulgar, España invertebrada, El tema de nuestro tiempo*, etc. En todos sus ensayos considera la vida humana como un quehacer continuo entre el hombre y las circunstancias con miras a la superación de lo real y lo ideal.

Ramiro de Maeztu (1874-1936). Al igual que otros se inicia como periodista en Bilbao y luego sigue en Madrid con Azorín y Baroja. La mayor parte de sus escritos son artículos y ensayos. Otro preocupado por España que la ve como pueblo de misión que habría de realizarse bajo los auspicios de la fe cristiana. La idea de la hispanidad lo domina hasta sus últimos días exponiéndola con pasión, lo cual no siempre le permite el rigor científico, acercándose así más al ensayo de tipo personal. Tiene sobriedad y gravedad y un lenguaje trabajado artísticamente pero con gusto y soltura. Entre sus ensayos citamos *Hacia otra España, Don Quijote, Don Juan y la Celestina, La crisis del humanismo, Defensa de la hispanidad,* etc.

Eugenio D'Ors (1882-1954), ideador del «novecentismo» que lo lleva a una nueva actitud en lo intelectual e histórico al tratar temas políticos, de arte, de ciencia, de filosofía y en general todo lo que significa curiosidad intelectual y espiritual. Su prosa es considerada como perfecta a pesar de una muy agradable artificiosidad. Su labor de ensayista se centra fundamentalmente en las *Glosas.*

Ramón Gómez de la Serna (1888-1963). Transformador de géneros literarios para acoplarlos a su capacidad inventiva y creadora, se ha dado a la literatura desde su niñez en conferencias, novelas, obras de teatro, periódicos, etc. Su actitud de rebeldía e independencia lo lleva a la creación de las *greguerías* que define ofreciendo la siguiente fórmula: «humorismo + metáfora = greguerías». Se distingue por sus ensayos, greguerías e invenciones que aparecen en varios volúmenes de *Greguerías, El Rastro, Retratos contemporáneos,* etc.

Otros muchos ensayistas contemporáneos podrían añadirse a los ya mencionados, pero por no pecar de extensos no los ofrecemos en esta breve historia del género. Además, tenemos que siquiera mencionar, a los hombres de América española que han descollado en el ensayo. Tampoco serán incluídos en este apartado todos los que son ensayistas: trataremos fundamentalmente figuras cimeras.

En Hispanoamérica, el ensayismo ha tenido un desarrollo tardío, paralelo al de España, pero con una temática más amplia y abarcadora. A los temas comunes en Europa se le suman los temas americanos. En los comienzos del ensayismo en América autores de primer orden fueron:

Domingo F. Sarmiento (1811-1888), preocupado por educar a América al igual que se educó a sí mismo. Creía en la europeización de Argentina. De gran fogosidad y ardor escribía con desigual estilo, pero nunca con descuido. Nos dejó magníficas páginas en *Facundo, Recuerdos de provincia, Viajes, De la educación popular,* etc.

Juan Montalvo (1832-1889), de Ecuador. Vivió para la polémica defendiendo la justicia, la tolerancia y lo honesto. Conocedor de los clásicos españoles supo imitarlos a la vez que conservaba su recia personalidad. Posee gran riqueza lexicológica y perfección sintáctica. Son famosos sus *Siete Tratados* (1882), colección de ensayos que lo han hecho sobrevivir como uno de los creadores del género en América.

José Martí (1853-1895), fundador de la patria cubana. Conoció los ensayos de Montalvo y Hostos, pero en sus escritos conserva una profunda originalidad por ser un constante hacedor de su estilo, ya que nunca siguió un patrón definido. Su vocabulario recoge desde las humildes voces indias hasta los más puros latinismos, sin caer nunca en la pedantería léxica. Sus temas ofrecen una amplísima gama que corre desde lo más sencillo a lo más grave. Su labor de ensayista puede encontrarse en sus artículos en defensa de la libertad de Cuba y de América. *Nuestra América* (1891) reúne escritos del tipo del ensayo tratando temas de la América hispana.

Eugenio María de Hostos (1839-1903), puertorriqueño. Su personalidad se aparta del insularismo y se difunde por las Antillas y América. Creyente en una federación antillana. Sembró ideas e inquietudes. Tenía una fina sensibilidad literaria que se manifiesta clara y bellamente en obras como *Hamlet, Moral social,* etc.

Enrique José Varona (1849-1933), cubano. Renovador de los estudios filosóficos en Cuba, siguió la línea de pensamiento positivista. Desde 1880 en adelante se puso como meta la pedagogía y el análisis de las ideas. Son muchos sus volúmenes de ensayos y críticas: *Estudios literarios y filosóficos* (1883), *Artículos y discursos, Cuba contra España, El imperialismo a la luz de la sociología, Desde mi belvedere, Violetas y ortigas,* etc. Tiene un estilo claro y austero.

Durante el modernismo y el postmodernismo nuevos nombres se suman al género del ensayo en América.

José Enrique Rodó (1871-1917), uruguayo, maestro en el «cómo decir», se distingue por la forma bella de sus escritos. Rubén Darío influyó decisivamente en su destino literario e ideológico. Su ensayo *Ariel* (1900) presenta a la juventud como la única esperanza de América. Esta juventud debía formarse por la *élite* intelectual universitaria, lo cual le atrajo una pléyade de seguidores. En su obra, frente a Calibán (Estados Unidos) opuso a Ariel (América latina); esto es, frente al materialismo coloca el idealismo. En 1909 ofreció al público *Motivos de Proteo* donde estudia la personalidad humana ofreciéndole el mensaje de «renovarse es vivir». Luego en el *Mirador de Próspero* (1913) recoge estudios sobre la historia y problemas de Hispanoamérica. A la lista de ensayistas que tienen fe en el destino de América y que se esfuerzan por vigorizar la conciencia nacional de sus respectivos países hay que sumarle los nombres de José Vasconcelos (mejicano), Antonio Caso (mejicano), Alfonso Reyes (mejicano), Nemesio R. Canales (puertorriqueño), Pedro Henríquez Ureña (dominicano), Julio Jiménez Rueda y Francisco Monterde (mejicanos), Juan Marinello (cubano), Eduardo Mallea (argentino), Santiago Argüello (nicaragüense), Germán Arciniegas (colombiano), Antonio S. Pedreira (puertorriqueño), etcétera.

C. ESTRUCTURA DEL ENSAYO

La estructura del ensayo es libre, de forma sintética y de extensión relativamente breve, aunque a veces adquiere gran dimensión y llega a ser un libro. El que sea breve no lleva necesariamente la idea de que tenga que ser incompleto; es simplemente la manera especial y original en que el escritor ve el mundo, la vida, la naturaleza, los seres humanos y a veces a sí mismo. El elemento personal que hay cr el ensayo limita la selección temática. La prosa es su medio formal más natural, pero hay algunos en verso como el *Essay on Man*, de Alexander Pope. El estilo del ensayo debe ser cuidadoso y elegante sin llegar a la afectación. No debe ser un estudio exhaustivo, sino una consideración general bien trabada. Su tono puede ser profundo, poético, retórico, satírico, humorístico, etc. El ensayista debe estar dotado de imaginación, sensibilidad, cultura general y específica, espiritualidad y dominio del idioma. Todo esto ayudará a la mejor presentación estructural del ensayo, ya que determinará el número de partes y su disposición y ordenamiento. En el ensayo importa más la amenidad de la exposición que el rigor sistemático de ésta. Generalmente se subdivide el ensayo en *introducción, desarrollo y conclusión*.

D. CLASIFICACION

Hay ensayos de *exposición de ideas*, ensayos de *crítica* de cualquier aspecto de la cultura y ensayos de *creación*. Los primeros son aquellos cuyo fin primordial es comunicar al lector unas ideas políticas, religiosas, filosóficas, económicas, etc. Los segundos (ensayos de *crítica*) son los que tienen el propósito de analizar y enjuiciar cualquier obra humana: arte, filosofía, política, religión, etc. Los terceros (ensayos de *creación*) son aquellos en que la sensibilidad y la fantasía crean mundos ficticios que sirven

de envoltura poética a la idea del autor. Hay que
decir que ninguna clasificación es satisfactoria. Las
clasificaciones que se han hecho se basan en diferencias de contenido, lo cual desde el punto de vista estructural tiene poca importancia.

Sin embargo, pueden distinguirse dos tipos generales. El primero, plasmado por Montaigne, es de
carácter personal, casi confesional, y es lo que los
ingleses denominan *familiar essay*, o ensayo personal. El segundo, más ambicioso, más extenso y en
cierto sentido con más riguroso contorno, es lo que
en inglés se suele llamar *formal essay*, o ensayo formal. Desde luego, hay que advertir que aun dentro
de este tipo segundo lo que siempre interesa es el
punto de vista del autor y no tanto los materiales
que elabore o el fondo de erudición que maneje.

Entre estos dos tipos extremos de ensayos —el
personal y el *formal*— se halla una gama de modalidades intermedias que varían según se aproximan
o se alejan de uno u otro extremo polar. Y en cierto
modo caben tantas clasificaciones como puntos de
vista adoptados frente al género. Una de ellas puede ser:

a) El *ensayo puro*. Trata de asuntos filosóficos,
históricos o literarios. Los ensayos de Unamuno,
Maeztu y Ortega y Gasset pertenecen en general a
esta clase.

b) *Ensayo poético*. Son ensayos donde lo poético prevalece sobre lo conceptual. Es una poesía
escrita en prosa. Vemos las cosas, el mundo, el
paisaje y los hombres a través de la visión poética
del autor. Azorín tiene muchos de estos ensayos

Juan Ramón Jiménez nos dio su obra de ensayo poético en *Platero y yo.*

c) *Ensayo crítico.* Son ensayos profundos donde historiadores, médicos, matemáticos e investigadores exponen sus ideas. A veces estos ensayos constituyen libros con diversos trabajos en torno a un tema. El *Hamlet,* de Eugenio María de Hostos, es un ensayo de esta clase. Antonio S. Pedreira escribió el libro de ensayos críticos titulado *Insularismo.*

ANALISIS DEL ENSAYO

Sin querer fijar el criterio del analista de un ensayo creemos que para estudiar un ensayo, sea informal, sea formal, conviene seguir los siguientes pasos:

1. Determinar cuál es la **tesis** o **idea central**. Algunos ensayos adelantan desde un principio la tesis desarrollada después. En estos casos no hay dificultad en determinar la idea central. En muchos ensayos, solamente después de terminado de leer se puede determinar su tesis.

2. Descubrir el **método** usado en el desarrollo de la idea central. El método puede variar: por exposición argumentativa, por ilustración a base de hechos históricos, de anécdotas, de leyendas y mitos; por descripciones por el uso del diálogo, etc. El desarrollo puede seguir una línea más o menos lógica, o bien una línea sinuosa llena de digresiones.

3. Observar las **ideas secundarias** y su contribución al desarrollo de la idea central.

4. Ver el **particular sentir** del escritor; captar su psicología y personalidad según se manifiestan en el ensayo.

5. Determinar el **valor e interés del asunto,** bien sea por el asunto mismo o bien sea por el tratamiento que le da el autor.

6. Observar el estilo analizando los párrafos, las oraciones, el vocabulario, las imágenes, símiles, metáforas, alusiones, etc.

7. Convencerse de que se ha captado con el mayor logro posible el mensaje ideológico o espiritual del ensayo, así como que se ha comprendido su estructura formal.

ANALISIS DEL LENGUAJE DEL ENSAYO

1. **El léxico.** Es importante conocer el léxico que el autor o escritor utiliza en la concepción y desarrollo de sus ensayos.

El autor puede utilizar cultismos, arcaísmos, vulgarismos, americanismos, préstamos de otras lenguas, palabras simples, nombres derivados, tecnicismos.

2. **Lenguaje figurado.** El ensayo, como género literario que es, puede valerse también del lenguaje

figurado. Es necesario analizar en el ensayo las imágenes que el autor utiliza y los demás recursos de la expresión explicados en la poesía.

3. **Tono.** Es la actitud que toma el autor ante lo que escribe. Es importante conocer el tono empleado en el ensayo. Puede ser serio, humorístico o satírico. Larra utilizó mucho el ensayo satírico para fustigar las costumbres de su tiempo.

4. **Técnicas.** El ensayista puede utilizar las técnicas dramáticas o novelescas para estructurar su ensayo. El ensayo puede ser rectilíneo o también curvilíneo. A. Quilis, hablando de los ensayos de Montaigne, nos dice: «conduce al lector como por un río lento, con meandros, mientras va enlazando asociaciones caprichosas de ideas que más que probar sugieren y dan al lector la sensación de realizar por su cuenta una serie de descubrimientos».

BIBLIOGRAFIA

Alonso, Antonio: *Antología de ensayos españoles.* Nueva York, Heath and Co., 1936. (Véase la *Introducción*, del doctor Federico de Onís y *El ensayo y los ensayistas españoles contemporáneos*, por Eduardo Gómez de Baquero.)

Araya, Guillermo: *Claves filológicas para la comprensión de Ortega.* Madrid, Gredos, 1971.

Blanco Aguinaga, Carlos: *Unamuno, teórico del lenguaje.* México, Ediciones de El Colegio de México, 1954.

Carballo Picazo, Alfredo: «El ensayo como género literario», *Revista de Literatura*, 9-10, 1954.

Cockayne, Charles A.: *Modern Essays of Various Types.* New York, Charles E. Merril Co., 1927.

— *Diccionario de literatura española*, por varios autores. Dirigido por Germán Bleiberg y Julián Marías. Madrid, Ed. de la Revista de Occidente, 4.ª ed. corregida y aumentada, 1972.

Garagorri, Paulino: *Introducción a Ortega.* Madrid, Alianza Editorial, 1968.

Gayol Fernández, Manuel: *Teoría literaria: un curso elemental sistemático.* La Habana, Cuba, Cultural, 1939. (Capítulo del ensayo.)

Henríquez Ureña, Pedro: *Las corrientes literarias en la América Hispana*. México, Fondo de Cultura Económica, 1945.

Houh Law, Frederick: *Modern Essays Stories*. New York, The Century Co., 1931.

Lockitt, C. H.: *The Art of the Essayist*. London, New York and Toronto, Longmans, Green and Co., 1949.

Marichal, Juan: *La voluntad de estilo*. Barcelona, Seix-Barral, 1957.

París, Carlos: *Unamuno, Estructura de su mundo intelectual*. Barcelona, Ediciones Península, 1960.

Senabre Sempere, Ricardo: *Lengua y estilo de Ortega y Gasset*. Salamanca, Publicaciones de la Universidad, 1964.

Tanner, William M.: *Essays and Essay Writing*. Boston, The Atlantic Monthly Press, 1920.

Varela Iglesias, José Luis: *La transfiguración literaria*. Madrid, Prensa Española, 1970.

Vitier, Medardo: *Apuntaciones literarias*. La Habana, Cuba, Ed. Minerva, 1936. (Lo relativo al ensayo.)

Vitier, Medardo: *Del ensayo americano*. México, Fondo de Cultura Económica, 1945.

TERCERA UNIDAD
EL PERIODISMO

EL PERIODISMO

El mundo en que vivimos es un mundo de comunicaciones sociales. Radio, televisión, periódicos, revistas, documentales de cine, son los medios modernos de comunicación, los «mass media». A estos medios se les llama *el cuarto poder*, ya que son capaces de cambiar las estructuras sociales y las costumbres en poco tiempo. (Al cine, otro gran medio de comunicación, se le ha llamado el *quinto poder*.)

El periodismo nace de la necesidad social y psicológica de conocer y saber lo que pasa a nuestro alrededor.

La finalidad de la prensa es comunicar lo que sucede en el mundo y en nuestro contorno, crear la opinión pública; dificultar cambios de posición y defender una posición; agitar o apaciguar; frenar abusos privados o administrativos y dirigir las necesidades de la comunidad.

Las finalidades del periodismo son dos, principalmente: *informar* y *formar*. El periodista informa mediante las noticias locales, nacionales o internacionales. El periódico forma mediante los editoriales, los comentarios de noticias y los columnistas que evalúan las situaciones.

HISTORIA DEL PERIODISMO

Desde los tiempos más remotos el hombre ha sentido la necesidad de conocer lo que pasa. Para ello ha ideado medios de comunicarse. En Babilonia parece existían unos historiógrafos que escribían diariamente los acontecimientos públicos para información del pueblo. En el Imperio Romano existían dos diarios de información pública del pueblo romano. Uno era el *Acta publica;* el otro el *Acta diurna,* diario oficial del Imperio.

El cristianismo difunde en el mundo religioso los sufrimientos y los martirios de los cristianos como ejemplos de los que mueren por la fe en Cristo.

En la Edad Media los juglares van de pueblo en pueblo escribiendo y difundiendo las gestas de los guerreros, los milagros de los santos y el humor y los acontecimientos locales.

En el siglo XIII se crea en Inglaterra la *Nouvelle manuscrite* para la difusión de de noticias. En el siglo XV, aparece en Francia el *Journal d'un bourgeois de Paris,* donde se escriben noticias, anécdotas, escándalos y hasta el informe del tiempo.

Con la invención de la imprenta, en 1436, se facilitó la creación y difusión del periodismo. El primer periódico aparece impreso en Alemania en 1457 con el título de *Nürnbërg Zeitung.*

En el Renacimiento se intensifica la comunicación social de noticias. Aparecen entonces las *Gazzetta* (derivado de *gazza,* urraca que todo lo dice). En

1641 se edita en Barcelona la *Gaceta semanal,* y en 1661, la *Gaceta nueva,* en Sevilla.

El primer periódico publicado en América es la *Hoja de México,* en 1541, con noticias sobre el terremoto ocurido en Guatemala el 11 de septiembre de 1541. En el año 1722 aparece la primera publicación periódica hispanoamericana, en México, con el título de *Gazeta de México y noticias de Nueva España.*

La imprenta llegó a Puerto Rico hacia el año 1806; según Alejandro Tapia y Rivera, fue traída por el peninsular Juan Rodríguez Calderón. El primer periódico que vio la luz pública en Puerto Rico fue la *Gazeta de Gobierno,* en 1807. El segundo periódico apareció el 28 de febrero de 1814 con el título de *Diario económico de Puerto Rico.*

LA NOTICIA

Como la primera función de un periódico es informar, la noticia es la esencia del periodismo. El periódico difunde la noticia, la analiza, la aclara, la combate o la aplaude, y así pasa a la segunda función del periódico, que es la de formar. La noticia es un acontecimiento actual de interés para un gran número de personas.

Los elementos de la noticia son los siguientes:

1. *Prominencia.* Esto responde al *who* en inglés. Quién es, qué sujeto de la noticia es muy impor tante. El autor del hecho cuenta mucho en que el acontecimiento sea noticia o no. El que un Jefe de Estado o un gobernador haga

o deje de hacer ciertas cosas, constituye noticia por la prominencia de la persona.

2. *Rareza.* Lo que acontece a diario no produce impresión. Un acontecimiento insólito, desproporcionado constituye una rareza y eso hace que algunas cosas sean noticias por su extrañeza.

3. *Interés humano.* Todo lo que afecta de alguna manera al ser humano como tal, suscita el interés de otras personas y constituye noticia. La ternura, el sacrificio, la muerte, el triunfo, el premio, todos son factores humanos que interesan a los lectores.

Utilidad

Los acontecimientos se constituyen en noticia por la utilidad que puedan tener. Un invento que resuelve problemas complicados interesa a las personas por la utilidad que de ellos puedan sacar. Proyectos, leyes, decisiones de Cortes, anuncios del Gobierno, etcétera. Al hombre le interesa todo lo que le haga la vida más fácil y cómoda, y a diario se inventan cosas nuevas que debe conocer.

Entretenimiento

Los acontecimientos deportivos, artísticos, festivales, etc., todo esto constituye noticia que entretiene al lector. Las páginas de espectáculos y crítica artística son devoradas por lectores ansiosos; las páginas de deportes son tema de la conversación de las gentes durante el día. El periódico se ha constituido en la biblia diaria. Los ciudadanos despiertan por la mañana para leer el periódico que les informe, forme y entretenga durante el día.

Los periódicos y agencias de noticias americanas examinan los acontecimientos para ver si son noticia a la luz de las siguientes palabras:

Who: Quién el autor de la noticia o acontecimiento.

What: Cuál fue el hecho, qué pasó o sucedió.

When: El momento en que pasó; la noticia busca lo más reciente y los periódicos compiten por ser los primeros.

Where: El lugar de los acontecimientos es detalle importante para el valor de la noticia.

Why: La pregunta del porqué de las cosas; por qué sucedió eso.

How: La forma en que sucedió interesa a la curiosidad del lector; es otro detalle más del desarollo de la noticia.

Cualidades de la noticia

1. *Brevedad*. La noticia tiene que ser breve; en pocas líneas se debe resumir el contenido esencial. El periódico, en el primer párrafo da todo el contenido de la noticia; el resto lo constituyen detalles.

2. *Claridad*. En el periodismo no hay retórica, ni figuraciones; hay que decir la noticia con la mayor claridad para que sea entendida por todos. La noticia oscura no es noticia. Lo más interesante debe ir al principio para captar

la atención y el interés del lector y moverle a leer toda la información.

3. *Impersonalidad.* El reportero da la noticia según la ha observado, sin inmiscuirse en los hechos, ni hacer consideraciones personales. La noticia se debe redactar lo más objetivamente posible. Es el relato de un observador imparcial.

FORMAS PERIODÍSTICAS

El reportaje

Es una información donde el periodista vierte sus impresiones personales, sus puntos de vista y sus reacciones ante lo que está contando. No se expresa fría e impersonalmente la noticia; se ve lo ocurrido a través de la mente y del corazón del escritor. Es una especie de ensayo periodístico. El escritor «describe escenas, indaga hechos imprevistos, pinta retratos, descubre interioridades, refleja emociones, examina caracteres con visión personal y directa».

(C. A. Castro Alonso)

Entrevista

Es un diálogo llevado a cabo entre el entrevistador y el entrevistado para hacer hablar al entrevistado sobre ciertos asuntos de interés. La misión del entrevistador es hacer hablar lo más posible al entrevistado. Supone en el entrevistador talento, amplia cultura, intención psicológica y respeto y estima por el hombre que entrevista. El periodista debe saber llevar de la mano al entrevistado para hacerle hablar de lo que quiere.

Crónica

Es una interpretación personal de los hechos con elaboración literaria. Es en sí un análisis de los acontecimientos dando de ellos una visión más personal y subjetiva del asunto tratado. Se exije del cronista una verdadera especialización en su campo. Hay crónicas deportivas, escritas por especialistas en deportes; crónicas locales, internacionales, nacionales, jurídicas, etc.

Editorial

Refleja el criterio de la empresa editora; es el juicio oficial del periódico. No va firmado, ya que refleja la ideología de la empresa editora. Allí se opina sobre los graves problemas que afectan al país o al mundo. Los editoriales son cortos; su estilo es sobrio, serio, reflexivo, lógico y enérgico.

ANALISIS DEL PERIODISMO

A. Estructura externa de un periódico:

    1. Ver la primera página y la distribución.

    2. Examinar las páginas interiores y la distribución.

    3. Evaluar los titulares.

    4. Observar la diversa, tipografía.

B. Estructura interna:

    1. Analizar los titulares con el contenido de la noticia.

2   Comparar diversas noticias del mismo periódico.

3. Examinar las cualidades de la noticia y ver si se dan allí.

C. Formas periodísticas:

1. Leer y examinar los editoriales.

2. Analizar las entrevistas.

3. Comparar unas crónicas con otras del mismo periódico.

4. Examinar los reportajes y las páginas de deportes y de arte.

D. Hacer que los estudiantes escriban noticias, entrevistas y reportajes.

CUARTA UNIDAD
LA NOVELA

1. CONCEPTOS GENERALES SOBRE LA NOVELA

En su sentido más amplio, equivalente al del inglés «fiction» la palabra novela (del italiano *novella*, noticia, novedad, suceso interesante) «designa obras que pertenecen a la literatura de ficción, pero con muy vario carácter y fines divergentes», teniendo como nota común «la de ser relato no histórico en prosa» (Lapesa, *Introducción a los estudios literarios*). En este sentido amplio abarca al cuento en todas sus formas y la novela corta, junto a la novela propiamente dicha. En su sentido más restringido, la palabra novela designa la ficción narrativa en prosa, extensa y compleja.

Como el suceder ficticio, imaginario, presentado por la novela «sensu strictu» se elabora con elementos tomados de la realidad de la experiencia humana y aspira a ser una imagen de la vida en la que va envuelta, implícita o explícitamente, una visión del mundo y de la vida *(Weltanschauung,* cosmovisión) podemos definir la novela del siguiente modo:

«La novela es una ficción narrativa minuciosa y coherente, en prosa, que, creando un mundo cerrado a imagen de la vida, encierra, implícita o explícitamente, una visión o interpretación del mundo y de la vida.»

2. TEORIAS SOBRE LA NOVELA

A) Ortega y Gasset

En plena etapa de «deshumanización del arte», y como un apéndice de su reflexión sobre este fenómeno artístico escribe, en 1925, sus *Ideas sobre la novela*. Parte de un hecho objetivo: cada vez se lee menos novela. Esto le lleva a pensar que el género, «si no está irremisiblemente agotado, se halla, de cierto, en su período último y padece una tal penuria de temas posibles, que el escritor necesita compensarla con la exquisita calidad de los demás ingredientes necesarios para integrar un cuerpo de novela». El pronóstico era exagerado, pero sirvió de base para perfilar un acertadísimo esquema de teoría novelística, cuyos puntos fundamentales son:

a) La buena novela no debe ser alusión, sino presencia. El imperativo de la novela es la autopsia: nada de referirnos lo que un personaje es; hace falta que lo veamos con nuestros propios ojos. El novelista no debe definir ni los personajes ni la trama misma.

b) La novela es y tiene que ser un género moroso; el mejor ejemplo en este punto es Dostoievsky.

c) La función esencial de la novela moderna es la de describir una atmósfera, a diferencia de otras formas épicas —epopeya, cuento, etc.—, cuya misión es referir una acción concreta. «Yo creo —añade— que siendo la acción un elemento no más que mecánico, es estéticamente peso muerto, y, por tanto, debe reducirse al mínimum. Pero..., considero que este mínimum es imprescindible.»

d) Cualidad esencial de la novela ha de ser el hermetismo, entendido no como una torre de marfil en la que entramos por la lectura para evadirnos del mundo, sino como estructura que atrae irresistiblemente nuestra atención. (ORTEGA Y GASSET, *Ideas sobre la novela, Obras completas*, Vol. III, pág. 387.)

B) GYÖRGY LUKÁCS

Publica en 1920 su *Teoría de la novela*, que, sin embargo, no se difundirá por Europa hasta los años sesenta. Para Lukács, marxista, la novela debe ocuparse de la vida del hombre que vive, cargado de problemas, convertido él mismo en problema, en este nuestro mundo absurdo; más en concreto, de la búsqueda por parte de este hombre problemático de un sistema de valores a que asirse y de su frustración en el fracaso. Su concepción, pues, está muy cerca de la tragedia clásica: «la novela ha de ser la epopeya de un mundo sin dioses».

A la luz de este principio clasifica él la producción

novelística de nuestro siglo en dos grandes compartimientos correspondientes a la actitud vanguardista y a la realista. El vanguardismo se ocupa sólo del «hombre genérico» y piensa que todos los problemas que angustian al hombre de hoy son consustanciales a la condición humana, por lo que renuncia a luchar; se refugia en el esteticismo y su novela se convierte, así, en una novela reaccionaria. El realismo, por el contrario, considera al hombre en su dimensión histórico-social y sostiene que los males que padecemos se deben al desconocimiento y menosprecio de las leyes de evolución social. Según esto, el valor de una novela está en razón directa de «la profundidad y riqueza de las relaciones de su autor con la realidad». En cuanto a la forma, sin embargo, Lukács se limita a recomendar que cada uno busque la adecuada a su personalidad. Discípulo suyo, Lucien Goldmann comparte la misma concepción del género, pero centra su atención en el estudio de las relaciones que guardan las estructuras —no el contenido— de la novela con las estructuras mentales de los grupos sociales. En su obra *Pour une sociologie du roman* llega a la conclusión de que la novela clásica decimonónica es un producto de la sociedad capitalista. (GYÖRGY LUKÁCS, *Teoría de la novela*.)

C) JEAN-PAUL SARTRE

Su obra *¿Qué es la literatura?*, puede ser considerada como el auténtico manifiesto de la novela comprometida. La propia naturaleza del lenguaje poético —afirma Sartre— empuja a quienes lo usan hacia la evasión: «el poeta está fuera del lenguaje; ve las cosas al revés, como si no perteneciera a la condición humana y como si en su aproximación a los hombres topase ante todo con la palabra al modo de una barrera». El novelista, por el contrario, utiliza las palabras no como cosas a las que servir, sino como signos de comunicación mediante los cuales debe tratar de «producir ciertos cambios en la sociedad», «cambiando a la vez la condición social del hombre y el concepto que tiene de sí mismo». A pesar de reconocer que «no es un escritor porque haya escogido decir ciertas cosas, sino por decirlas de cierta forma» y que «el estilo, desde luego, es lo que da valor a la prosa», Sartre explica más el «para qué» que el «cómo» de la novela. En este último punto sus apreciaciones se reducen, prácticamente, a destacar el carácter sintético de la novelística comprometida frente al planteamiento analítico de la novela decimonónica (JEAN-PAUL SARTRE, *¿Qué es la literatura?*)

3. CARACTERISTICAS FUNDAMENTALES

a) FICCIÓN NARRATIVA

La novela es el relato de un suceder ficticio interesante. Su contenido es una ficción, es decir, sucesos no históricos, no ocurridos en el espacio y el tiempo reales. Esa ficción está elaborada con elementos de la experiencia humana a los cuales se les ha dado una ordenación, configuración, estructuración distinta de la que tenían en la realidad, adscribiéndoseles al mismo tiempo un sentido, una significación, de que carecían en el mundo de la experiencia real. Ficción no es, pues, sinónimo de falso y antónimo de verdadero; es lo contrario de histórico y equivalente de imaginario. Ocurre a veces que una ficción es más fiel a la estructura esencial de la vida que el hecho más real e histórico. Esa verdad es la que expresa el dicho inglés: «Truth is stranger than fiction». Y el comentario de François Mauriac: «Cada vez que en un libro describimos un acontecimiento tal y como lo hemos observado en la vida, es casi siempre lo que la crítica y el público juzgan inverosímil e imposible.» (Ver ROGER CAILLOIS, *Sociología de la novela*, pág. 124.)

Por otro lado, importa señalar que el interés de la novela está en la narración misma, en el proceso creador de presentar a los personajes, dinámicamente, en su mundo cerrado, y no en lo narrado, no en el contenido de hechos concretos realizados por ellos. Por eso resulta insulso y despojado de interés el argumento de una novela cuando lo resumimos en pocas palabras. (ORTEGA, *Ideas sobre la novela*.)

b) EXTENSIÓN Y COMPLEJIDAD

La novela se caracteriza frente al cuento y los relatos cortos, por su extensión y complejidad. Por ello, deja múltiples impresiones a diferencia del cuento que sólo deja una.

Los teóricos sajones, atendiendo a la extensión del relato, clasifican como novela toda narración que sobrepasa 35.000 palabras; de novela corta toda narración que fluctúe entre 10.000 y 35.000; y de cuento, lo que no pasa de 10.000. (Ver BROOKS et al., *Approach to Literature.*)

c) MINUCIOSIDAD Y MOROSIDAD

La extensión de la novela y la necesidad de crear un mundo, cerrado que aprisione al lector durante la lectura, exigen cierta minuciosidad, cierto detallismo, que son su poder evocador suscite ante el lector, unos personajes, unas vidas, unos sucesos, un ambiente, que por la ilusión de la realidad que producen, le hagan olvidar durante unas horas su mundo real. Esa minuciosidad acarrea un movimiento más lento, más pausado, más *moroso* de la acción. Por eso, en sus ideas sobre la novela, señala Ortega el «hermetismo» (la capacidad de aprisionarnos dentro del marco de su mundo ficticio) y la morosidad o «tempo lento» como una de las características de las mejores novelas modernas.

d) IMAGEN DE LA VIDA

La novela es, por lo menos como se concibe en su forma moderna, una «imagen de la vida», «*a picture of life*» (LUBBOCK, *Craft of Fiction*, repitiendo a Henry James). Significa ello que la novela quiere producir la ilusión o impresión de la vida sin pretender ser una mera transcripción, registro o fotografía de ella. La novela, pues, inventa un mundo imaginario parecido al mundo real, pero que no es ni pretende ser éste. La imagen de la vida que ofrece la novela es más ordenada, más lógica, tiene mayor sentido y significación que la vida real. Esa imagen se construye mediante un proceso de selección: el novelista selecciona, escoge, aquellos trozos de experiencia que le parecen más significativos, y con ellos, ordenándolos y organizándolos de una manera nueva, distinta de como se daban en la realidad; estructura su mundo ficticio parecido al real, pero al mismo tiempo distinto de éste. (Ver LUBBOCK, *op. cit.*, pág. 18.)

e) COHERENCIA INTERNA

Como la novela no es una mera transcripción, registro o fotografía de la vida, no está obligada a obedecer las mismas leyes de la realidad. La novela es un pequeño mundo cerrado con sus propias leyes, establecidas generalmente al comienzo de la obra, que pueden variar de las del mundo real. Pero una vez establecidas las leyes que rigen el mundo de la ficción, personajes y sucesos, deben estar en armonía con ellas. En esta armonía de todos los elementos y partes de las novelas con las leyes internas que la rigen consiste la coherencia.

f) VISIÓN DE LA VIDA (WELTANSCHAUUNG)

Esa imagen de la vida que es la novela lleva en sí, encarnada implícitamente o explícitamente expresada, una visión o interpretación del mundo y de la vida. Para muchos teóricos modernos de la novela, ésta no es fundamentalmente más que esto, y la ficción es sólo el medio de comunicar esa visión. La novela, en este sentido, no sería otra cosa, esencialmente, que la expresión de la filosofía vital del autor. Sin llegar a actitud tan excluyente, no cabe duda, de que una novela, explícita o implícitamente lleva en sí la «cosmovisión» de su autor.

Cuando esa visión del mundo y de la vida se desprende, naturalmente, del asunto de la novela, sin que el autor ni por sí ni por boca de los personajes insista explícitamente en ella, a dicha visión la llamamos tema central; cuando está patentemente expresada por el propio autor, o por boca de los personajes, pero en forma insistente, que demuestra interés por parte del autor de que su mensaje no pase inadvertido, la llamamos tesis. Una novela de tesis no tiene necesariamente que ser inferior a una de tema, pero la preocupación por una tesis preconcebida, puede resultar en perjuicio de la obra, si el autor violenta los personajes o las situaciones, para beneficio de sus propios fines, convirtiendo a los personajes en meros títeres.

g) CARÁCTER PROSÍSTICO DE LA NOVELA

En lo que a significante formal se refiere, la prosa es la forma preferida de la novela. Al temple discursivo que ella supone, y a la técnica minuciosa y detallada que es peculiar, conviene la prosa. Esa prosa se carga muchas veces de un *temple poético*: las *Sonatas* de Valle-Inclán; *Alsino*, de Pedro Prado; *El hermano asno*, de Eduardo Barrios, etc.

4. PANORAMA DE LA NOVELA

La narrativa en la Edad Media tuvo un carácter épico. Los cantares de gesta eran extensos poemas narrativos donde se exaltaban el valor y la fuerza, la fidelidad y la religión. El *Poema de Mío Cid* es, ante todo, un poema narrativo con una estructura histórico-novelesca. El anónimo autor quiere exaltar al héroe caído y devolverle el honor perdido mediante una serie de episodios donde el protagonista va creciendo hasta adquirir un honor más alto que el que tenía cuando lo perdió al principio del poema.

a) LA NOVELA CABALLERESCA

La primera novela caballeresca escrita en España fue *El caballero Cifar*, hacia el año 1300. En la novela hay elementos novelescos, didácticos y científicos. Menéndez Pelayo dice que el libro es una combinación de tres elementos: caballeresco, didáctico y hagiográfico. En la obra hay naufragios, raptos, guerras, piraterías, enigmas e intervenciones milagrosas.

b) LA NOVELA SENTIMENTAL

Las novelas sentimentales surgen hacia finales del siglo xv y primeros del xvi. Son novelas amorosas donde se describen con parsimoniosa morosidad las vicisitudes de la vida amo...sa de los personajes. La obra más importante en España de la novela sentimental es *Cárcel de amor*, de Diego de San Pedro. Leriano, hijo del duque de Macedonia, sufre de amor por la princesa Laureola. La princesa es calumniada y Leriano la defiende. El amante al final muere de hambre al ser rechazado por la princesa.

c) LA NOVELA DRAMÁTICA

Hacia fines del siglo xv se inicia una nueva forma de novelas; es la novela dramática o dialogada. Se caracteriza por la eliminación de las descripciones y el uso de la técnica del diálogo. Los personajes hablan y el autor no interviene en la narración. *La Celestina* es considerada una novela dramática. En sí es un drama pero debido a la enorme extensión, se compone de 21 jornadas, se presta más para ser leído que para ser representado. Fernando de Rojas, ahora autor indiscutible de la *Tragicomedia de Calixto y Melibea*, nos ofrece una visión muy personal del mundo de su tiempo. El Bachiller Rojas ve la vida humana como una tragedia, en la que el hombre es arrastrado por terribles fuerzas que no puede controlar. Los amantes, los criados y la Celestina encuentran la muerte.

d) LA NOVELA DE CABALLERÍA

La novela más popular de caballerías fue *Amadís de Gaula*. Fue muy difundida y leída en toda Europa durante el siglo XVI. *Amadís de Gaula* revivió el espíritu de la época medieval. La obra consta de una serie de aventuras fantásticas, cosas inverosímiles e idealizaciones sentimentales. Amadís es el tipo del caballero perfecto: audaz, valeroso, cortés, defensor de los débiles, siempre al servicio de la moral y la justicia. La novela crea un mundo poético donde Amadís de Gaula y su amada Oriana representan las fuerzas del bien.

El *Quijote* es la obra maestra de la narrativa moderna. La primera parte apareció en 1605. A. Valbuena Prat afirma que «inicialmente, el *Quijote* fue concebido como una novela ejemplar para satirizar los libros de caballerías con las divertidas aventuras de dos tipos contrapuestos y ridículos, pero gradualmente fue creciendo hasta convertirse en una gran epopeya cómica de la sociedad contemporánea y de la vida humana en general, con su eterna antítesis de fantasía y realidad, de idealismo y materialismo». Su tema es la noble aspiración de dar un sentido ideal a la cotidiana existencia.

e) La novela pastoril

La novela pastoril aparece en España en la segunda mitad del siglo XVI. Entre las obras más representativas están la *Diana* de Jorge de Montemayor, la *Diana enamorada* de Gaspar Gil Polo, la *Arcadia* de Lope de Vega y la *Galatea* de Cervantes. A esta clase de novela se le ha tachado de falsa por lo convencional del paisaje, por la insinceridad en la expresión de los afectos amorosos, por la mezcla de mitología clásica con supersticiones modernas.

f) La novela picaresca

La novela picaresca es la antítesis de la novela pastoril en contenido y técnicas narrativas. El caballero andante es ahora un pícaro hambriento y andrajoso. El protagonista es un criado de muchos amos; el héroe es cobarde; el caballero es pícaro. No busca amor, busca comida; no defiende a la sociedad, la acusa y manifiesta sus vicios y podredumbre. El pícaro, como el caballero, camina por los caminos de la vida de diferente manera. La novela picaresca es una nueva actitud ante la vida; una actitud realista, pesimista, desenfadada. La picaresca es sátira amarga; es denuncia y advertencia.

La estructura de la novela picaresca es, como la novela de caballerías, una sucesión de episodios diversos ligados entre sí por la persona del protagonista. El pícaro nos cuenta su propia vida y la de los amos a quienes sirve; el protagonista es el mismo narrador que nos ofrece su visión del mundo. La primera novela picaresca es el *Lazarillo de Tormes* que fue publicada hacia 1525. El *Guzmán de Alfarache* de Mateo Alemán, fue publicado en 1599. *El Buscón*, de Francisco de Quevedo, es otra importante novela picaresca.

g) La novela romántica

El romanticismo produce en España el resurgimiento de la novela. En España se comenzó con traducciones de novelas románticas pero pronto hubo una gran producción original de novelas inspiradas en las de Sir Walter Scott, Víctor Hugo y Dumas.

La novela romántica tiene dos vertientes, una histórica, evocación de épocas pretéritas, y otra social, de testimonio o de tesis. Entre las novelas históricas están *El Señor de Bembibre,* de Gil y Carrasco y *El Doncel de don Enrique el Doliente,* de José de Larra.

h) LA NOVELA REALISTA

En la segunda mitad del siglo XIX se producen varias tendencias narrativas. La más importante es el realismo. El realismo es una reacción contra el sentimentalismo e individualismo exacerbado del romanticismo. La novela quiere ser una reproducción de la vida cotidiana con la fusión del lenguaje literario y la lengua común del pueblo. Es una literatura objetiva, preocupada por los problemas económicos, sociales e ideológicos del momento. Es una novela documentada, científica, basada en la realidad del mundo circundante.

Dentro del realismo se ven varias clases de novelas:

1. *La novela de tesis*

La novela de tesis tiene un propósito didáctico y polémico. Son novelas donde se plantean problemas reales de la vida humana. Pueden ser religiosos, morales, sociales, políticos. El autor manipula a sus personajes para probar su tesis, sin dejar que los personajes evolucionen por sí mismos. Entre los novelistas de esta tendencia en mayor o menor grado, están Fernán Caballero, Alarcón, Valera y Pérez Galdós.

2. *La novela naturalista*

Los novelistas españoles nunca imitaron el crudo y brutal naturalismo francés de Emilio Zola. El determinismo social y humano nunca se llega a complacer en los bajos fondos de las miserias sociales. Emilia Pardo Bazán es una representante de la novela naturalista en España. Entre sus novelas de este tipo están *Los Pazos de Ulloa*, y *Madre Naturaleza*. Leopoldo Alas, «Clarín», cultiva el naturalismo en su novela *La Regenta*. Hace un análisis psicológico de los personajes y descubre las hipocresías de una ciudad soñolienta. Blasco Ibáñez, llamado «el Zola español», por la crudeza de sus temas y los ambientes sórdidos, es autor de *La Catedral*, *La Bodega* y otras novelas naturalistas.

3. *La novela regional*

Dentro de la novela realista, la novela regional reproduce las costumbres, ambientes, dialectos y particularidades lingüísticas de una determinada región. Entre los novelistas españoles que cultivaron esta clase de novelas están: José M.ª de Pereda, autor de *Sotileza*, *Peñas arriba*, *El sabor de la tierruca*; Armando Palacio Valdés con sus novelas *La hermana San Sulpicio*, *Marta y María*; Fernán Caballero cultivó también esta clase de novelas.

5. LA GENERACION DEL 98 Y LA NOVELA EN EL SIGLO XX

a) NUEVO CONCEPTO DEL GÉNERO Y LAS TENDENCIAS MODERNISTAS

1. Los acontecimientos políticos en la España de fines de siglo y las corrientes literarias extranjeras se combinan en los escritores de esta generación para dar una estética literaria donde prevalece el afán de búsqueda en lo histórico y en el interior humano, el lirismo en el paisaje y en la autobiografía, lo paradójico, la nota rebelde y pesimista. Cada novelista es una gran individualidad que quiere hacer algo distinto con la novela.

2. Otra particularidad de este momento es la tendencia a romper los límites formales del género dejándose penetrar del ensayismo, la lírica o la filosofía. El afán de singularidad hace aparecer algunos derivados de la novela (nivola, novela poemática, etc.).

Obras representativas:

a) *La casa de Aizgorri,* de Pío Baroja (1900).

b) *Paz en la guerra,* de Miguel de Unamuno (1902).

c) *La Voluntad*, de José Martínez Ruiz [«Azo-rín»] (1902).

d) *Niebla*, de Miguel de Unamuno (1914).

b) LA SEGUNDA GENERACIÓN DEL SIGLO XX

1. *Transición*

   a) La novela posterior a la generación del 98 prolonga e intensifica algunas tendencias del grupo anterior como el lirismo descriptivo (Miró), pero al mismo tiempo cobra contacto con los grandes maestros del Siglo de Oro y con Galdós y añade la nota intelectualista en el novelar. (Pérez de Ayala.)

Obras representativas:

a) *Belarmino y Apolonio*, de Ramón Pérez de Ayala (1919).

b) *El obispo leproso*, de Gabriel Miró (1926).

2. *La novela contemporánea*

   a) Crisis de la novela

     1. La novela española contemporánea está representada entre el destierro y la España de hoy. La guerra civil de 1936 es un factor decisivo en la

novelística española de nuestros días.
La crítica no ha dado la última palabra sobre las figuras verdaderamen-
te sobresalientes de este momento.

2. *Mundo inquietante*

Frente a la visión de un mundo estable y limitado, característica del siglo XIX, la novela contemporánea refleja una imagen del mundo esencialmente inquietante. Varios fenómenos
históricos contribuyen a ello.

El mundo contemporáneo ha sufri-
do profundas transformaciones y do-
lorosas experiencias: el maquinismo;
la sociedad de masas; el extraordinario desarrollo de la técnica;
la Segunda guerra mundial como
manifestación de crueldad colectiva, inhumana; la guerra total ató-
mica como riesgo de autodestruc-
ción universal; el terrible poder de la
propaganda y los medios estatales
para influir sobre una comunidad;
los viajes a otros planetas.

Todo esto se refleja profundamente en la novela contemporánea. No
sólo en el argumento o las ideas que
expone, sino en su misma esencia.
El mundo aparece ya como algo esencialmente inquietante, inestable, en
peligro. La novela no nos da una lec-
ción completa, sino un enigma. Hay

en ella desorden, complejidad, caos;
igual que lo hay en la conciencia de
sus personajes. Es incompleta la presentación del escenario y los personajes. Estos actúan muchas veces de
forma inconexa o contradictoria.
Como en la vida real. El lector cobra un papel mucho más activo. Ha
llegado realmente (tal es el título de
una obra de José María Castellet) *la
hora del lector.*

3. *Profundización de la psicología. Descubri-
miento de mundos interiores. Los personajes.*

Uno de los rasgos que caracterizan a nuestra novela es la profundización de la psicología tradicional. Aunque hoy nos suene a
algo ya bastante pasado, pensemos en la revolución que supuso Freud, el descubrimien-
to y, lo que es más importante, la vulgari-
zación del psicoanálisis en el ámbito narrativo.

El psicoanálisis ha proporcionado al narrador un nuevo instrumento de trabajo de con-
siderable importancia, a la hora de construir
sus personajes. A la vez, ha determinado el
nacimiento de un tipo de crítica literaria que
descubre nuevas dimensiones en los personajes novelescos mediante el empleo del *método psicoanalítico.* Los resultados son interesantes cuando se aplica a las novelas con-
temporáneas que poseen amplias zonas de
oscuridad (Dostoiewsky, Kafka), y muy es-

pectacular en el caso de personajes clásicos: Ulises, Hamlet, Macbeth...

El desprecio de lo racional abre también vías para que la novela del siglo xx explore mundos interiores: lo inconsciente, el ensueño, el recuerdo (Proust), la impresión fugaz (Henry James, Virginia Woolf).

La psicología novelesca se beneficia de otra tendencia: el análisis intelectual de las actitudes sociales convencionales para desenmascararlas y destruirlas. Huxley, por ejemplo, exhibe en *Contrapunto* un extraordinario conocimiento de los motivos recónditos (y, en general, despreciables) que mueven muchas veces a los seres humanos.

Un importante novelista y crítico de la novela contemporánea, E. M. Forster, hizo la distinción, hoy clásica, entre «*flat characters*» (personajes llanos) y «*round characters*» (personajes redondos).

Los primeros son los construidos alrededor de una idea o cualidad únicas. Pueden ser expresados en una sola frase. Son muy útiles para el autor como elementos constructivos de la novela: actúan con fuerza y el lector los recuerda fácilmente. Un ejemplo típico es *Le Père Goriot*, de Balzac: Su profundidad es evidente, impresionante; pero está construido en torno a una pasión única: el amor por sus hijas.

Los personajes «*round*», tienen varias facetas, no se pueden resumir en una frase, nos sorprenden al actuar. No cabe duda de que estos últimos son los típicos de la novela del siglo xx. Personajes dudosos, contradictorios, que emprenden rutas acertadas y luego las abandonan, que saben elevarse a héroes en un capítulo para volver a su mezquindad en el siguiente. Detrás de ellos, en lo hondo, yace el misterio de su personalidad, que no parece estar predeterminado por el novelista, sino construidos a lo largo de la obra. El mismo Forster lo ha expresado con una metáfora acertada: los personajes de la novela contemporánea son «seres enormes, indecisos, invisibles en sus tres cuartas partes, como los *icebergs*».

4. *Perspectivismo*

Es típica de nuestro tiempo la quiebra de muchos dogmatismos, de verdades absolutas y universales. Parecen triunfar, en cambio, el relativismo metafísico y desde luego, el psicológico. Cada hombre tiene su propia verdad, su verdad personal, y debe acomodar a ella su actuación para vivir con autenticidad. Como tantas veces, Unamuno nos da la frase que resume a la perfección esta tendencia de nuestro siglo: «El hecho supremo, el gran hecho, el hecho fecundo, el hecho redentor sería que cada uno dijera su verdad».

Estas nociones cristalizan literariamente en un concepto esencial, el de *perspectivismo*. Los novelistas de todas las épocas han sabido que cada personaje debe no sólo hablar de una manera especial (manifestación las más inmediatas de su peculiaridad personal), sino darnos *la visión del mundo* que le es propia. Hoy, el perspectivismo se ha hecho general. Es una de las grandes leyes de la narración contemporánea. Igual que el punto de vista del fotógrafo, del operador cinematográfico, determina fundamentalmente la belleza del paisaje u objeto que retratan.

La combinación de diversos puntos de vista (tal como la han realizado, por ejemplo, Dos Passos y Carlos Fuentes) puede producir efectos artísticos considerables.

Henry James es el primer novelista que se introduce dentro de la piel de los protagonistas. Presenta a sus héroes a través del reflejo, a través de la convivencia de los demás.

Obras representativas:

a) *Nada,* de Carmen Laforet (1950)

b) *La familia de Pascual Duarte,* de Camilo José Cela (1948)

c) *La forja,* de Arturo Barea (1950)

d) *Viento del Norte,* de Elena Quiroga (1950)

e) *El empleado,* de Enrique Azcoaga (1950)

f) *Los cipreses creen en Dios,* de José Gironella.

g) *Cauce sin río,* de Enrique Laguerre

5. *Clasificación de las novelas*

Cabe clasificar las novelas desde muy diversas perspectivas, y con muy variados criterios. Por ej.: clasificación histórica, por el contenido (predominio de lo objetivo; predominio de lo subjetivo, tono, carácter o trascendencia), elemento predominante. Damos aquí solamente la clasificación por la técnica o método predominante y la de Ortega-Lapesa.

1. **Por la técnica o método predominante**

a) *Novela narrativa.*

b) *Novela autobiográfica*: punto de vista narrativo de primera persona.

1. «diario»: (Barrios, *El niño que enloqueció de amor.*)

2. «memoria»: (Güiraldes, *Don Segundo Sombra;* Rivera, *La vorágine*).

c) *Novela epistolar*: predominio de la forma epistolar (Valera, *Pepita Jiménez* —la primera parte—; Martínez Sierra, *El Amor catedrático;* De la Parra, *Efigenia*).

d) *Novela dialogada:* predominio del diálogo (Baroja, *Paradox Rey*).

e) *Novela alegórica:* (Kafka, *El castillo*).

f) *Novela pictórica y novela dramática:*
(Ver Percy Lubbock, *Craft of Fiction*).

1. Novela pictórica o panorámica: la que consiste en un lienzo ininterrumpido de narración con la presencia del autor siempre a la vista: Thackeray, *Vanity Fair;* Tolstoi, *Guerra y paz.*

2. Novela dramática: aquella en que el autor desaparece de enfrente del lector y trabaja su material a base de «escenas» o cuadros trabados entre sí por resúmenes narativos: Flaubert, *Madame Bovary;* Valle-Inclán, *Tirano Banderas.*

2. Clasificación Ortega-Lapesa (ver Lapesa, *Introducción a los estudios literarios*).

a) Novela ilusionista: «Comprende la infinita variedad de relatos aventureros y narraciones situadas en ambiente fantástico o idílico, todo cuanto interesa por los personajes mismos, extraordinarios y atrayentes, o por la complicación de las peripecias.» Libros de caballerías, novelas pastoriles y bizantinas, hasta la moderna novela de aventuras policíacas y folletinescas de hoy.

b) *Novela realista*: «no interesa tanto por las figuras presentadas y los hechos referidos, muchas veces semejantes a los que a cada paso nos presenta la vida cotidiana, cuanto por la manera de pintarlos, por el veraz estudio de almas y ambientes. Sus dos variedades principales:

1. *Novela psicológica*: primordialmente atenta al análisis de los caracteres.

2. *Novela de costumbres*: con miras preferentes a la fiel descripción de círculos sociales».

6. *Elementos integrantes de la novela*

Como, dicho «grosso modo», una novela no es más que el relato de lo que «le sucede a ciertas personas en cierto *lugar, tiempo y circunstancias*» resulta evidente que los tres elementos constituyentes de una novela son los de *acción* (lo que sucede), caracteres (las personas) y *ambiente* (el escenario, la época, y en casos, la atmósfera).

1. La acción o contenido de hechos.

La acción es el suceder ficticio relatado en la novela. En la novela, narración extensa, se compone de una serie de sucesos, más o menos complicados, pero con un sentido unitario que se va desarrollando con intensidad

progresiva, en línea ascendente de interés,
hasta llegar a un punto de máxima intensidad llamado el *punto culminante*. Como elemento central de interés de esta acción hay
un *conflicto* de fuerzas. Este conflicto puede ser externo y objetivo: de un personaje
con otro; de un personaje con un ambiente;
de una persona con su destino; etc., o puede
ser *interno y subjetivo conflicto interior*, psicológico, de sentimientos contrarios; de un
sentimiento frente al sentido de deber; etc.
La tensión de las fuerzas de este conflicto
es lo que debe ir progresivamente intensi-
ficándose hasta el punto culminante.

La forma en que los diversos sucesos de
la acción están ordenados y organizados
constituye la *composición* o estructura de la
novela. Si estos están ordenados de acuerdo
con un criterio cronológico y causal (las cau-
sas antes que los efectos, y los sucesos primeros antes que los segundos, y éstos, a su
vez, antes que los terceros, etc.), hablamos
de composición *lógica*. Si ordenan de manera
que viole la secuencia cronológica y causal
(empezando por el final, o por el medio, o
en forma zigzagueante, retrocediendo después de haber avanzado, etc.), hablamos de
composición *libre* o *artística*.

La estructura de la novela se suele divi-
dir en tres partes: 1. *Exposición*, cuyo papel
es presentar el estado de cosas, la situación
al comienzo de la novela, antes de dar comienzo al conflicto: 2. *Nudo o desarrollo*,
constituye el desenvolvimiento de la acción

en línea ascendente de interés hasta llegar al punto culminante, en que queda planteada una situación problemática a modo de interrogante; 3. *Desenlace*, constituye la solución de la situación problemática planteada en el punto culminante y el final de la obra.

2. Caracteres.

En una novela puede intervenir un número variable de personajes o caracteres, de pendiendo de la extensión y complejidad que tenga. No importa el número, siempre unos más importantes que otros de acuerdo con la participación en la acción. Los personajes de participación más destacada son los *protagonistas*. Luego siguen personajes de segunda, tercera, etc., importancia. Hay personajes puramente episódicos que aparecen un momento en la novela, y no se vuelve a saber de ellos.

Al proceso de crear los personajes, especialmente su índole o modo de ser, se le llama caracterización. Existen diversos procedimientos o técnicas de caracterización. Hablamos de caracterización *directa* cuando el autor mismo nos informa sobre el modo de ser del personaje: y de caracterización *indirecta*, el autor se abstiene de informarnos directamente y deja que la personalidad del personaje se vaya desenvolviendo ante los ojos del lector por lo que dice, lo que hace, lo que los demás piensan de él. Hay personajes estáticos, personajes dinámicos o evo-

lutivos. Personajes planos y personajes re-
redondos.

De acuerdo con el mayor o menor grado
de individualidad y vida propia que posean
los personajes, se dividen en *cáracteres*,
aquellos con individualidad y vida propia
inconfundibles: y *tipos*, los que más que seres individuales representan un grupo o clase. Los grandes personajes de la literatura
(Don Quijote, Hamlet, Don Juan, Celestina)
participan de ambos: son caracteres por su
individualidad inconfundible, pero al mismo
tiempo, por su universalidad, son *tipos* en
cuanto representan toda una porción de hu-
manidad.

3. Ambiente o marco escénico.

El lugar y la época en que se desarrolla la
acción constituye el ambiente. Es, pues, el
ámbito tempo-espacial de la novela.

El ámbito espacial puede variar considerablemente en extensión: puede abarcar el
mundo entero (Verne, *La vuelta al mundo en
ochenta días*), o puede reducirse a un sana-
torio para tuberculosos (Mann, *La montaña
mágica*), una celda de una prisión comunis-
ta (Koestler, *Darkness at Noon*), o la cabina
de pasajeros de un avión (Khan, *The High
and the Mighty*). Generalmente en la novela
de acción y de aventuras, es extenso; en las
novelas de carácter psicológico se reduce
considerablemente en ventaja del ámbito
temporal que adquiere más importancia.

En lo que al factor tiempo respecta, hay que distinguir varios aspectos. En primer lugar, el tiempo cronológico de la acción, la época. ¿Cuándo ocurren los hechos narrados en la novela? Todas las épocas conocidas han servido de marco temporal a una acción: la Antigüedad: (Flaubert, *Salambó*); la Edad Media: (Scott, *Ivanhoe, The Talisman*, Gil y Carrasco, *El Señor de Bembibre*); Edad Moderna, anterior o contemporánea del autor: (Galdós en toda su obra.) Incluso el futuro puede servir de marco temporal: Orwell, *1984;* Ray Bradbury, *Fahrenheit 451*, las ficciones científicas de H. G. Wells. En segundo lugar, tiempo novelesco. La narración realiza el tiempo y lo llena convenientemente. ¿Cuánto tiempo dura la acción? Puede abarcar varias generaciones como en *Guerra y paz*, de Tolstoy, o puede limitarse a un día como en *Ulises*, de Joyce. En tercer lugar, *el tiempo vivido por el lector*. No todo el tiempo de la acción es vivido, experimentado por el lector. Hay unos momentos que el autor presenta con todo detenimiento, con todo detalle, el modo que el lector lo vive; y hay a veces grandes porciones, tiempo que el autor resume muy rápidamente o pasa por alto por completo, de modo que el *tiempo vivido es casi siempre mucho menor que el tiempo de duración*. En algunas novelas como *Ulises* se trata de hacer vivir al lector el tiempo de duración.

Desde Proust, la novela significa un reencuentro con el tiempo pasado. El novelista pasa de uno a otro plano en el tiempo sin anunciarlo previamente. El tiempo es el protagonista de las novelas de Proust. La *retrospección* o «flash-back» es el recurso habitual de la vuelta atrás en el tiempo. Hay tiempo físico y tiempo vital. La reminiscencia es restitución o presentación actual de un acontecimiento pasado. *Tiempo circular* es la experiencia más atrevida. Se puede leer la novela empezando por cualquier página. El orden de lectura es indiferente. El tiempo no es horizontal, sino circular.

En algunas novelas es también de particular importancia la *atmósfera* o *clima espiritual* de la obra, es decir, *la sensación o sentimiento general prevaleciente, resultante del modo de presentar los personajes, la acción y el escenario.* Su propósito es crear el *estado emocional* que se desea y está estrechamente relacionado con el tono de la narración. Así hay novelas que se desenvuelven en una atmósfera de *frivolidad* o de *tensión angustiosa* o de *expectación* (novela policíaca) o de terror, etc.

La presentación del marco tempo-espacial puede ser *directa* —cuando el autor mismo nos informa el lugar y época—, o puede ser indirecta cuando el lector mismo tiene que llegar a sus propias conclusiones basándose en *evidencia interna, histórica, geográfica, cultural.*

7. *Técnicas narrativas*

1. *El punto de vista narrativo*: se relaciona
con la mente o los ojos espirituales que
ven la acción narrada, que puede ser la
del *propio autor*, la de *un personaje* o
expectador de la acción. Los *puntos de
vista* pueden dividirse en dos grandes
grupos: de *tercera* y de *primera* persona.

a) Tercera persona.

1. Punto de vista del autor *omnisciente*: quien ve la acción y la
comunica al lector es el propio
autor, con su conocimiento total
y absoluto de todo, no solo de los
sucesos exteriores, sino también
de los sentimientos más íntimos
del personaje. Este autor *omnisciente* puede adoptar una actitud
subjetiva —intervenir como autor y dejar oir su voz comentan-
do, anticipando, etc., o puede
adoptar una *actitud objetiva*—,
borrando toda participación personal aparente y adoptando la actitud de una voz narradora des-
personalizada. Hay diversos gra-
dos de subjetividad: Thackeray,
en *Vanity Fair*, es un ejemplo de
subjetividad manifiesta; Joyce, en
Ulises, aspira a la más completa
objetividad.

2. *El autor como observador, tercera persona limitada*: quien ve y cuenta la acción es el autor, pero no con un conocimiento absoluto como el autor *omnisciente*, sino como uno *limitado* por los naturales medios de información. En este punto de vista hay cosas que el autor «ignora», por no tener conocimiento personal de ellas ni haber obtenido información.

3. Punto de vista de una «*inteligencia central*» (Henry James): Narra el autor en *tercera persona*, pero viendo las cosas *a través de un personaje* de inteligencia y sensibilidad que le sirve como de ventana, o si se quiere, de anteojo. El autor ve las cosas a través de esta inteligencia; lo que ella no percibe, tampoco lo percibe él. Establecida esta perspectiva general, el autor sin embargo, puede de vez en cuando, echarse a un lado de su «inteligencia central» y darnos las perspectivas de otros personajes. Caroline Gordon y Allen Tate llaman a esta última forma el punto de vista del narrador ambulante (*roving narrator*). (Ver *The House of Fiction*.)

b) Primera persona.

1. Punto de vista del *protagonista, primera persona central*: el personaje principal, narrado en primera persona cuenta su propia historia. (José Eustasio Rivera, *La vorágine;* Eduardo Barrios, *El hermano asno;* Laguerre, *La llamarada.*)

2. Puntos de vista de un *personaje secundario*: un personaje de secundaria o menor importancia, narra en primera persona la historia del protagonista que él conoce por estar envuelto en ella. (Serrano Poncela, *Amore amaro* en *La venda;* Scott Fitzgerald, *The Great Gatsby.*)

3. Punto de vista de un mero *observador, primera persona periférica*: un observador marginal, sin participación activa alguna en la acción, pero que la conoce por haber sido testigo de ella, narra la historia en primera persona, la historia del protagonista que él conoce. (Joseph Conrad, *Victory.*)

8. *Procedimientos narrativos*

El modo de comunicar la historia al lector puede ser muy diverso: de ahí la diversidad de formas o procedimientos narrativos.

a) Técnica *narrativa tradicional*: El autor omnisciente narra directamente los acontecimientos. Puede seguir un método de presentación panorámica (el que nos hace ver las vidas desde lo alto, abarcando grandes trozos de acción en el espacio o en el tiempo o en ambos a la vez, que nos lleva a un efecto de visión general) o un método de presentación *escénico* (colocándonos ante escenas particulares, ante momentos seleccionados de la vida cuyos destinos seguimos en la novela). Un fenómeno muy frecuente es la *escena* unida por resúmenes narrativos que sirven de transición y enlace entre diversas escenas.

b) Técnica *epistolar*: La historia aparece presentada mediante una serie de cartas. La voz del autor narrador deja de oírse y en su lugar quedan las de los corresponsales. Valera, *Pepita Jiménez*; Martínez Sierra, *El amor catedrático*, Teresa de la Parra, *Ifigenia*.

c) Técnica *dialogada*: Es un aprovechamiento de la técnica dramática por el novelista: el autor desaparece y quedan los personajes dialogando. La voz del autor se oye de vez en cuando en un papel semejante al de las acotaciones del dramaturgo. Baroja, *Paradox Rey;* Valle-Inclán, *Tirano Banderas.*

d) Técnica de *memorias*: En primera persona y desde el presente, un personaje hace el recuento de su vida desde algún momento del pasado hasta el momento en que se escribe la historia.

Güiraldes, *Don Segundo Sombra* (cinco años de vida de un gaucho); Rivera, *La vorágine* (los meses anteriores a la desaparición definitiva del protagonista); pasado inmediato: Laguerre, *La llamarada.*

e) Técnica de *diario*: El relato en primera persona y en forma regular y sistemática, de los sucesos que van acaeciendo a un personaje. Diaria o por lo menos regularmente, se van anotando los acontecimientos más significativos en la vida del protagonista, y en esta forma se teje la historia. Eduardo Barrios, *El niño que enloqueció de amor* y *El hermano asno.*

f) Acercamientos narrativos: Subjetivismo.

1. Ante todo, el realismo objetivo se ha retirado ante la invasión del subjetivismo. Sus raíces ideológicas están

bien claras: la filosofía idealista y la profundización, sobre todo a partir de Freud, de la psicología. Ha quebrado así una visión objetiva y estable del mundo. Para la novela contemporánea parece ser axioma fundamental el de que «la verdad habita en el interior del hombre».

Dos tendencias recientes significan una vuelta (relativa) al objetivismo. Por un lado, el *neorrealismo* de signo decididamente social; intenta dar *testimonio* fiel de una realidad que debe ser modificada. Por otro, el «*nouveau roman*» francés acaudillado por Robbe-Grillet.

Pero la novela contemporánea, en general, abandona la técnica del realismo minucioso, objetivo. Lo que intenta la novela es reflejar con más exactitud la auténtica realidad, que no está hecha sólo de cosas y acciones exteriores.

2. Otro cambio fundamental en la técnica es el paso de la *descripción a la narración* y, sobre todo, de ésta a la *presentación*. Es una técnica vivaz y auténtica realista: *cada personaje se define por sus palabras y sus obras mucho más que por la caracterización previa que de él nos hace el autor.* Supone sustituir la concepción mecánica y rac-

cionalista de la novela por una concepción vital. El autor desaparece, tras los personajes, que quedan en libertad para actuar. Chejov dice: «El artista no debe ser el juez de sus personajes ni de sus conversaciones, sino un puro testigo imparcial.»

3. Los experimentos con el *espacio y el tiempo*. Hace tiempo decía ya Azorín: «Desearía yo escribir la novela de lo indeterminado; una novela sin espacio, sin tiempo y sin personajes.» *Doña Inés*, de Azorín, es un estudio sobre el tiempo y sus huellas. El novelista es consciente del problema «tiempo». El autor debe adoptar una postura decidida ante este problema y ser honesto con su lector. El lector debe ver con claridad que el novelista está conscientemente jugando con el tiempo.

4. *Monólogo interior* o fluir de la conciencia es un surtidor desatado. Es un artificio narrativo para introducir directamente al lector en la vida interior del personaje sin intervención alguna del autor de la novela. James Joyce utiliza mucho el monólogo interior en sus novelas. El autor refleja en la pantalla de la conciencia impresiones fugaces, huellas

de impresiones pasadas, zonas del subconsciente. El personaje habla en voz alta consigo mismo y deja que su conciencia fluya. El personaje o los personajes exponen sus sentimientos más íntimos, sin organización lógica, tal y como vienen a la mente. A veces los novelistas indican esa confusión de los pensamientos eliminando en la escritura los signos de puntuación y las estructuras gramaticales. El pensar discursivo pierde su sentido lógico. Resulta un caos, el caos que hay en la conciencia del personaje. Los monólogos se presentan muchas veces sin pausas, sin puntos, ni comas. Es un fluir mental, una libre confesión y manifestación externa de la intimidad de su conciencia. A. Yáñez, C. Fuentes, M. Vargas Llosa usan con brillantez el monólogo interior.

5. *El contrapunto*: Consiste en la simultaneidad de planos distintos presentados a la vez. El presente, el pasado y el futuro se funden en el pensar del personaje. Hay un ir y venir del pasado al futuro, del presente al pasado. En la obra de James Joyce *Ulises*, en el capítulo VII hay un ejemplo caro de la técnica del contrapunto. «Corny Kelleher cierra su libro diario; el P. Commee sube a un tran-

vía; un marinero se desliza por la esquina; Boody y Ratey toman la sopa en la cocina llena de humo; la chica rubia prepara una cestilla de flores; la mecanógrafa Dunne escribe y atiende el teléfono». La novela *El fulgor y la sangre*, de Ignacio Aldecoa, está estructurada a base de la técnica del contrapunto. En una misma página los personajes van del presente al pasado y regresan al futuro. Toda la novela está construida con este andamiaje contrapuntístico. El contrapunto es la técnica dinámica de la simultaneidad de tiempos, lugares y personajes sin prevenir al lector del cambio. Resulta difícil la lectura por la confusión que provoca en el lector no iniciado en esta técnica.

6. *Enfoque narrativo múltiple*: Consiste en presentar una misma acción desde diferentes puntos de vista. Es una técnica del cubismo en que los elementos de la realidad se rompen, se descomponen ante diferentes enfoques. La novela *Fin de fiesta*, de Juan Goytisolo, nos presenta cuatro relatos autobiográficos en un mismo problema de crisis amorosa. Se da un enfoque narrativo múltiple presentando distintos puntos de vista del problema.

El narrador se identifica sucesiva-
mente con una serie de personajes.
Este procedimiento es compatible
con el empleo del monólogo interior,
pero no lo exige necesariamente. La
pluralidad de perspectivas plantea
algunas nuevas dificultades al lector.
Pero responde más ajustadamente,
sin duda, a la complejidad de la vida.

7. Un punto de *vista objetivo, relacionado con la técnica cinematográfica
   y la psicología behaviorista o del
   comportamiento*: considerar como
   real sólo aquello que tiene existencia objetiva, lo que percibe un observador imparcial. Nathalie Sarrau-
   te distingue dos formas diferentes
   de realidad: Una realidad que cada
   uno ve alrededor de sí, que cada uno
   puede captar si se encuentra frente
   a ella; una realidad conocida, estu-
   diada mucho tiempo y reproducida
   mil veces. La realidad para el escritor es lo invisible, lo desconocido
   (Varela).

El novelista además de transcri-
bir fotográficamente, constituye, evoca lo «*real*» que se esconde de las cosas visibles. A. Robbe-Grillet descubre que las *gaviotas imaginarias* son
más reales que las contempladas por
él en la costa bretona. El narrador

no sólo descubre las cosas, sino las inventa.

El objetivismo es una posibilidad más que se abre al narrador contemporáneo. Es un procedimiento con aspectos muy interesantes.

9. *Tono y símbolos.*

Como la ficción narrativa no se limita a presentar unos hechos, unos sucesos —el asunto—, sino que estos hechos y sucesos tienen un *sentido*, una *significación*, algo que se ha querido decir por medio de ellos —el tema— son muy importantes el *tono* y los símbolos como reveladores del sentido de la ficción.

Tono es la expresión de la *actitud* del *autor* hacia un objeto, situación o personaje, o hacia ideas discutidas por los personajes. «El *tono*, es la voz del autor en cuanto expresada por el estilo, por la textura de su prosa, por la resonancia producida por un acontecimiento.» (West and Stallman, *The art of modern fiction.*)

El tono serio o sarcástico, grave o irónico, del autor, es elemento indispensable para la recta interpretación del sentido de la narración. El tono sirve para indicarnos *de qué lado* caen las simpatías del autor; a qué valores —de varios que puedan estar en conflicto— se inclina él; qué personajes son re-

presentativos de su modo de pensar y sentir
y cuáles no, etc.

De gran importancia, también en lo con-
cerniente a la expresión del *sentido o significación* del relato, son los símbolos. Los
símbolos, en cuanto *representaciones concretas*, en cuanto *objetivaciones externas* de
ideas, sentimientos, estados de ánimo, son
de gran eficacia como medios de hacer consciente al lector de tales ideas, sentimientos
y estados de ánimo. Los símbolos y sus fun-
ciones pueden ser muy variados. El símbolo
puede estar en el título de la obra, llamando
así la atención al sentido o significación envuelto en los sucesos: Zeno, *La charca*; Ga-
llego, *La trepadora* o *La brizna de paja en
el viento*. O puede estar en el nombre de los
personajes: Doña Bárbara, Santos Luzardo,
o en objetos: el tremedal como símbolo de
la fuerza devoradora, destructora, de la lla-
nura, en *Doña Bárbara*. Finalmente puede
establecerse todo un sistema de correspon-
dencias simbólicas entre sentimientos o es-
estados de ánimo y objetos de la realidad
de modo que constituyan lo que Eliot llama
«objetivaciones correlativas» (objective co-
rrelative). En *Doña Bárbara*, la lanza en el
muro —el odio entre Luzardos y barqueros;
la doma de la Catira— la educación de Marisela; las tolvaneras —tormentas espirituales; la miel de aricas— los efectos del amor
en Marisela, etc.

10. *Limitación del autor.*

Uno de los problemas técnicos fundamentales de la novela contemporánea es el de la «limitación del autor». La novela clásica no se lo planteaba en absoluto. Presentaba a un autor omnisciente, cuasidivino que sabía todo de todos los personajes: dónde estaban, qué hacían e incluso lo que pensaban y sentían en cualquier momento. El convencionalismo y la falsedad esenciales de este procedimiento resultan hoy evidentes.

ANALISIS DE LA NOVELA

I. **CONTENIDO**

   A. Título: su sentido y función.

   B. Asunto.

      1. Resumirlo brevemente.

      2. ¿Qué experiencias humanas envuelve?
         a) Fuentes: ¿la vida o la literatura?

      3. ¿Cómo recrea el autor esas experiencias?
         a) ¿Qué le añade? ¿Qué le quita? ¿Cómo las transforma?

   C. Tema.

      1. ¿Cuál es la idea o sentimiento dominante?

2. ¿Ideas o sentimientos secundarios?

3. ¿Cómo se plantean?

   a) ¿Explícita o implícitamente?

   b) ¿A base de símbolo y alegoría?

   c) ¿Cómo contribuye el **tono** a iluminar el o los temas?

D. Elementos de la novela.

   1. Personajes:

      a) Clasificación, caracteres, tipos, símbolos.

      b) Caracterización, ¿directa o indirecta? ¿procedimientos empleados?

      c) Relación entre personajes y acción.

         1. ¿Afectan los sucesos el modo de ser de los personajes, los cambia de algún modo?

         2. ¿Sirven los sucesos sólo para manifestar el modo de ser, ya hecho, de los personajes?

      d) Relación entre personajes y ambiente.

1. ¿De armonía o conflicto?

2. En caso de conflicto, ¿quién domina a quién?

3. En caso del ambiente natural, ¿determinismo geográfico? ¿Condicionante del carácter? ¿Mero fondo o escenario? En caso de conflicto, ¿quién vence?

2. Ambiente:

   a) Escenario y época, ¿dónde y cuándo suceden los hechos?

   b) Indole, ¿real o ficticia? ¿Rural o urbana? ¿Actual o del pasado?

   c) Atmósfera, ¿qué sensación prevalece en la obra?

      1. ¿Contribuye el **tono** a la atmósfera.

3. Acción:

   a) Su naturaleza:

      1. ¿Interna o externa: suceden los hechos en la realidad ficcional o sólo en la mente de los personajes?

2. ¿Se desarrolla fundamentalmente en el tiempo o en el espacio? ¿O ambos factores están equilibrados?

3. ¿Tiempo de **duración** de la acción y tiempo **vivido**?

b) Lógica y motivación:

1. ¿Existe la debida relación **causal** entre los sucesos o las cosas suceden por puro azar, por pura casualidad? Es decir, ¿existe o no una concatenación lógica de los sucesos?

2. ¿Está debidamente **motivada** la actuación de los personajes, es decir, obedecen a motivos y propósitos humanamente comprensibles, o actúan arbitrariamente, o por azar, o movidos por fuerzas superiores a ellos?

II. FORMA

A. Estructura o composición:

1. ¿Hasta dónde llega la exposición?
   a) ¿Qué formación contiene?

2. ¿Cuándo comienza el nudo?

3. ¿Cómo va progresando la acción?

    a) ¿Pasos fundamentales del desarrollo?

    b) ¿Cómo se emplea el elemento de suspenso?

4. ¿Cuándo se llega al punto culminante?

5. ¿Cómo se resuelve la situación planteada en el punto culminante?

B. ¿Composición lógica o artística?

C. Relación entre contenido y estructura:

    1. ¿Tienen las partes la debida **proporción,** es decir, tienen la cantidad de detalles y la extensión que demanda su importancia?

    2. ¿Se guarda la debida **escala,** es decir, tienen las partes la de detalles y extensión que en comparación con las demás partes les corresponde?

D. Aspectos técnicos:

    1. ¿Punto de vista?

    2. ¿Técnicas narrativas?

    3. Relación entre el autor y forma.

E. Estilo:

   1. El lenguaje y sus particularidades: la lengua.

   2. Relación entre contenido y forma.

   3. Relación entre autor y forma.

F. Apreciación y valores de la novela.

   1. Sus diversos valores: ¿Lógicos?, ¿éticos?, ¿estéticos?, ¿lingüísticos?

BIBLIOGRAFIA

Aguilar e Silva, Víctor Manuel de: *Teoría de la Literatura*. Madrid, Gredos, 1972.

Allot, Miriam: *Los novelistas y la novela*. Barcelona, Seix-Barral.

Amorós, Andrés: *Introducción a la novela contemporánea*. Salamanca, Anaya.

Baquero Goyanes, Mariano: *Proceso de la novela actual*. Madrid, Rialp.

— «Sobre la novela y sus límites», *Arbor*, XIII, 1949.

— «La novela y sus técnicas», *Arbor*, XVI, 1950.

Castellet, José María: *La hora del lector*. Barcelona, Seix-Barral.

Kayser, Wolfgang: *Interpretación y análisis de la obra literaria*. Madrid, Gredos.

Lukács, György: *Teoría de la novela*. Buenos Aires, Ed. Siglo XX, 1966.

Ortega y Gasset, José: *Ideas sobre la novela, Obras completas*, volumen 3. Madrid, Ed. de la Revista de Occidente, 1962.

Pollmann, Leo: *La «Nueva novela» en Francia y en Iberoamérica*. Madrid, Gredos.

Sartre, Jean-Paul: *¿Qué es literatura?* Buenos Aires, Losada, 1967.

VARELA, Benito: *Renovación de la novela en el siglo* XX. Barcelona, Destino, 1966.

WELLEK, René y AUSTIN Warren: *Teoría literaria*. Madrid, Gredos.

QUINTA UNIDAD
EL CUENTO

1. PANORAMA HISTORICO

El arte de narrar es tan antiguo como el hombre. Padres y madres y maestros han utilizado el cuento desde edades muy remotas para entretener y enseñar a los niños. Sin embargo, el origen del cuento lo podemos localizar en la India. De allí provienen las más famosas colecciones de cuentos. Muchos de los cuentos o *exemplos* medievales, tales como *Calila y Dimna*, el *Sendebar* y otros se derivan de los cuentos indios del *Pantchatantra* y del *Hitopadesa*.

Buscando el origen etimológico de la palabra, vemos que «cuento» viene del latín *computum*, que significa cálculo, cómputo, enumeración, clasificación. Del cálculo y enumeración paso a significar la enumeración de hechos. De esa misma palabra se deriva hoy en día «computar», clasificar y evaluar información suministrada a un cerebro electrónico para obtener ciertos resultados rápidamente. Cuento es la enumeración de hechos, recuento de acciones reales o ficticias con la finalidad de entretener o distraer.

Los primeros cuentos populares eran transmitidos de padres a hijos por la vía oral. Eran cuentos cortos y anónimos, fácilmente retenibles en la memoria. Mas tarde nacen los cuentos artísticos, de creación personal y que se conservan por medio de la escritura. La primera manifestación del cuento artístico en España es obra de Don Juan Manuel. Escribió cuentos con una finalidad estética y moralizante.

El profesor Carlos A. Castro Alonso, en su obra *Didáctica de la literatura,* estudia la evolución del cuento literario a lo largo de la historia de la literatura española.

La primer etapa abarca desde el siglo XIII hasta el siglo xv. En esta etapa, el cuento recibe las influencias orientales. Entre los libros de cuentos de esta época están *Calila y Dimna,* mandados traducir por Alfonso X el Sabio y el *Sendebar,* traducido por mandato del infante Fadrique, hermano de Alfonso el Sabio. El primer narrador y cuentista español lo es Don Juan Manuel, que escribió el *Libro de Patronio* o *El Conde Lucanor.* El libro consta de 51 cuentos. *El Corbacho* del Arcipreste de Talavera contiene también algunos trozos narrativos que es de lo más importante del libro.

La segunda etapa del cuento cubre los siglos xvi y xvii. Hay influencias italianas renacentistas y se producen cuentos originales. Juan de Timoneda es el autor de una serie de 22 historietas, escritas a imitación de las de Italia. Cervantes fue un creador original de cuentos y de novelas cortas. El mismo *Don Quijote* contiene novelas y cuentos cortos en su estructura. Cervantes escribió además, una serie de novelas cortas que titulara *Novelas ejemplares*. Tenía una intención estética y a la vez moralizante, y por eso las llamó ejemplares.

La tercera etapa del cuento ocurre en el siglo XVIII. Era el siglo de la ilustración y de la investigación. No se escriben cuentos importantes en España. Se difunden cuentos franceses y novelas cortas inglesas. Fueron famosos los cuentos franceses de Perrault; se leyeron mucho las novelas inglesas como *Robinson Crusoe* y los *Trabajos de Gulliver*.

En la cuarta etapa es donde más florece el cuento. Los escritores románticos recogieron tradiciones y leyendas y crearon muchos cuentos originales. Entre los autores decimonónicos podemos mencionar a Fernán Caballero, Pereda, Emilia Pardo Bazán. El siglo XX ha sido extremadamente fecundo en la creación del género del cuento. Entre los muchos escritores podemos mencionar a Leopoldo Alas «Clarín», Unamuno, Pío Baroja, Azorín, Valle-Inclán, Camilo José Cela, Ignacio Aldecoa, Miguel Delibes, Ana María Matute.

En Hispanoamérica, el cuento literario es uno de los géneros más cultivados. El cuento comienza su historia como objeto de arte en el modernismo. Rubén Darío reúne en sus cuentos, dice Concha Meléndez, todas las formas del género: la anecdótica, la simbólica, la realista, la poemática, la fantástica. Entre los grandes escritores de cuentos podemos mencionar entre otros a Horacio Quiroga, Juan Bosch, Ventura García Calderón, Jorge Luis Borges, Eduardo Mallea.

En Puerto Rico se ha cultivado el cuento desde el romanticismo. Sin embargo, en los escritores del treinta y del cuarenta es donde empieza a culminar la personalidad nacional incorporando temas de amplitud universal y preocupación nacional. Entre los mejores cuentistas actuales se encuentran los nombres de Pedro Juan Soto, Abelardo Díaz Alfaro, René Marqués, Edwin Figueroa y Luis Hernández Aquino.

2. TEORIAS DEL CUENTO

He aquí algunas opiniones autorizadas sobre la naturaleza del cuento.

Sainz de Robles: «El cuento es, de los géneros literarios, *el más difícil y selecto*. No admite ni las divagaciones, ni la pincelada larga, ni el auxilio de los detalles, ni los preciosísmos del estilo. El cuento exige en su condición fundamental, como una síntesis de todos los valores narrativos: tema, película justa del tema, rapidez dialogal, caracterización de los personajes con un par de rasgos felices. Como miniatura que es la de la novela, el cuento *debe agradar en conjunto*. Por ello no hay cuentos con aciertos parciales. Son cuentos buenos o son cuentos malos o no son cuentos...» (*Cuentistas españoles del siglo* xx).

J. M. Sánchez Silva: «El cuento es un relato imaginativo que se puede transmitir oralmente con facilidad. La novela corta es «novela». Se describen en ella las cosas relacionándolas, con gran lujo de detalles y comparándolas. *El cuento, en cambio, es fundamentalmente síntesis*. En la novela, en determinado momento, hay un clímax; el cuento es el clímax mismo. La novela describirá la vida de una familia, por ejemplo, y lo cuenta todo, teniendo en un momento su escena culminante, que justifica todo lo demás; el cuento sería precisamente esa escena, prescindiendo de los antecedentes. Carlos Mastrángelo define el cuento de la siguiente manera:

(1) Un cuento es una serie breve y escrita de incidentes;
(2) de ciclo acabado y perfecto como un círculo;
(3) siendo muy esencial el argumento el asunto o los incidentes en sí;
(4) trabados estos en una única e ininterrumpida hilación;
(5) sin grandes intervalos de tiempo y espacio;
(6) rematados por un final imprevisto, adecuado y natural.

(El cuento argentino)

M. Baquero Goyanes: «El cuento es un precioso género literario que sirve para expresar un tipo especial de emoción, de signo muy semejante a la poética, pero que no siendo apropiada para ser expuesta poéticamente, encarna en una forma narrativa, próxima a la de la novela pero diferente a ella en la técnica e intención. Se trata, pues, de *un género intermedio entre poesía y novela*, apresador del matiz semipoético, seminovelesco que sólo es expresado en las dimensiones del cuento». (*El cuento español en el siglo* XIX, Madrid, 1949.)

3. CONCEPTO Y CARACTERISTICAS

El cuento es una narración corta, en prosa, de asunto ficticio, o altamente significativo.

Se caracteriza por una trama sencilla, pocos personajes y detalles, acción reducida a un aspecto.

«Lo esencial del cuento —escribe Micó Buchón— no son los caracteres, el ambiente ni aún la historia narrada; es su significado ideal y simbólico, una llamada al corazón y a la imaginación, que *nos purifique* de las miserias de la realidad.» (*Teoría y técnica literarias.*)

El título puede tener una significación literal —al pie de la letra—, simbólica —hace referencia a una idea— o mixta.

El motivo es el impulso para realizar una acción.

El asunto determina el contenido general de la narración.

El argumento recoge la secuencia de incidentes de principio a fin.

El tema o idea central —lo que da forma y unidad lógica al relato— es la conclusión que se desprende del cuento, aquella peculiar interpretación o modo de ver la vida que nos brinda el autor. El tema central se complementa con las ideas secundarias. El tema es una idea capital, un sentimiento, un deseo que configure toda la obra.

La clasificación, muy variada, depende del punto de vista en que nos situemos: contenido, época literaria, enlace con la realidad, elemento sobresaliente, etcétera, lo que permite que un mismo cuento pertenezca a varios encasillados:

—*Cuentos en verso y en prosa*: los primeros se consideran como poemas épicos menores; los segundos son los que estudiamos.
—*Cuentos populares y eruditos*: los primeros son anónimos, de origen remoto, valor folklórico y fondo moral; los segundos, de origen culto, estilo artístico y variedad de manifestaciones.

Tanto unos cuentos como otros pueden subclasificarse en *infantiles, poéticos, fantásticos, realistas,* cuentos de *animales, humorísticos y religiosos.*

—*Cuentos infantiles*: se distinguen por su enseñanza moral, trama sencilla y libre desarrollo imaginativo o fantástico. Ejs.: *La camisa del hombre feliz, El patito feo* (Hans Christian Andersen); *Barba Azul, La Cenicienta* (Charles Perrault), etc.
—*Cuentos poéticos*: se caracterizan por una gran riqueza de fantasía y exquisita belleza. Ejs.: los del libro *Azul* (Rubén Darío); *El ruiseñor y la rosa* (Oscar Wilde), etc.
—*Cuentos fantásticos o de misterio*: impresionan por lo extraordinario del relato o estremecen por el dominio del horror. Ejs.: *El violín de Cremona, El hombre de arena* (Hoffmann), *The Sire Maletroit's Door, The Pit and the Pendulum* (Edgar Allan Poe), etc.
—*Cuentos realistas*: reflejan la observación directa de la vida en sus diversas modalidades: psi-

cológica, humorística, satírica, social, filosófica, histórica, costumbrista o regionalista. Ejs.: *Los Reyes Magos* (J. Benavente), *Polifemo* (A. Palacio Valdés), etc. Merecen también especial mención los cuentos de José Luis González y René Marqués.

«En Hispanoamérica, el cuento realista contemporáneo, con peculiares notas regionalistas y sociales, ha cristalizado felizmente. El argentino Manuel Ugarte popularizó el tipo del gaucho y el cimero cuentista contemporáneo, Horacio Quiroga, de Uruguay, sus famosos cuentos de animales. El jíbaro puertorriqueño y sus problemas están relatados por el cagüeño Abelardo Díaz Alfaro» (Ciriaco Pedrosa Izarra).

4. ELEMENTOS

Los personajes, limitados en su número y caracterización, pueden ser presentados por el autor directa o indirectamente, según los describa él mismo, o se valga de la acción del diálogo de los personajes o de sus interlocutores. En uno y otro caso, la conducta y el lenguaje de los individuos debe estar de acuerdo con su caracterización.

El ambiente incluye el lugar, el tiempo y la atmósfera. El lugar o escenario donde se desarrolla la acción es generalmente reducido.

El tiempo —época y duración del suceso— es variable. La atmósfera —sensación o estado emocional prevaleciente— puede ser de misterio, de angustia, de violencia, de paz, etc.

La trama es la acción rápida y sencilla del relato. El conflicto descrito puede dar lugar a una acción externa (lucha del hombre con el hombre o con la naturaleza) o a una acción interna (lucha del hombre consigo mismo).

La atmósfera es el mundo particular en que ocurren los hechos del cuento.

El tono revela la actitud del autor ante lo que está presentando. Pueden ser humorísticos.

5. ESTRUCTURA

Es la ordenación de las partes que componen la unidad narrativa. Fundamentalmente son tres: introducción (o exposición), desarrollo (complicación o nudo) y desenlace.

La introducción nos sitúa en el umbral del cuento propiamente dicho: personajes, ambientes, sucesos previos, etc. Nos da los elementos necesarios para comprender el relato.

El desarrollo presenta el problema que hay que resolver. Incluye la acción ascendente, el clímax o punto culminante (máxima tensión) y la acción descendente.

El desenlace resuelve el conflicto planteado.

La extensión de cada una de las partes señaladas depende de la importancia concreta que cada una tenga en el relato.

Conviene advertir que la estructura descrita se refiere al cuento organizado cronológicamente o según el *esquema tradicional*. Modernamente, los escritores utilizan el criterio estético o libre, según el cual se puede empezar por el final y retroceder al principio o comenzar por el medio, seguir hasta el final y terminar en el principio.

Aunque, según lo dicho, la coherencia llegue a ser escasa en muchos cuentos modernos, nunca debe faltar la unidad narrativa.

6. TECNICA

Son los medios utilizados por el autor para conseguir la unidad narrativa y conducirnos al tema central. Los principales son el punto de vista, el centro de interés, la retrospección, el suspenso, el tono, etcétera.

El punto de vista es la mente a través de la cual se percibe la narración. Si el relato se pone en boca del *protagonista*, de un personaje *secundario* o de un simple *observador*, el punto de vista está en *primera persona;* si proviene del autor, en *tercera persona.*

La intervención del autor puede ser triple: *autor- relator*: el mundo interior del *personaje* deberá ser deducido de sus palabras y conducta; *autor omnisciente selectivo*: el autor penetra en la mente de un *solo personaje* mientras relata sus peripecias y las de los demás; *autor omnisciente múltiple*: el autor descubre la conciencia de todos o de varios de los personajes mientras narra sus acciones.

El centro de interés es un personaje, un lugar, un objeto, una idea o un sentimiento, en cuyo derredor gira todo el cuento.

La retrospección ocurre cuando el desenvolvimiento cronológico de la acción queda interrumpido por la narración de sucesos pasados.

Suspenso es la retardación de la acción para crear interés y ansiedad en el lector.

7. FORMAS DE EXPRESION

El estilo es la manera particular que tiene cada escritor de expresar sus ideas, pensamientos y sentimientos. Todos utilizan la palabra como signo de expresión. La palabra lleva en sí dos elementos: el *significante* y el *significado*. El escritor utiliza el significante pero puede darle a la palabra distintos significados para llevar el mensaje deseado a sus lectores. El escritor es *el emisor* que usa el *medio* —la palabra— para trasmitir un *mensaje*. Por su parte, el lector, que es receptor, utiliza el *medio* (la *palabra*) para recibir el *mensaje* enviado por el escritor —*emisor*—.

Los cuentos están escritos en prosa. La prosa es la expresión normal del lenguaje y responde a la actitud común del hablante. En las formas de expresión debemos ver la actitud subjetiva u objetiva que toma el autor en relación con el asunto. Toda palabra lleva en sí unos elementos fónicos o sonoros y por eso los autores seleccionan sus palabras algunas veces de acuerdo a la sonoridad. Las palabras también sufren modificaciones al poder ser singulares o plurales, masculinas o femeninas, sustantivas, adjetivas o verbos. Hay escritores que prefieren usar más el sustantivo que el verbo; otros utilizan más el verbo que el sustantivo; unos adornan su prosa con modificadores y otros prefieren la exactitud en el decir y eliminan todo elemento decorativo.

Las palabras también van cargadas de diferentes significados; una misma palabra o significante denota varios significados. En la ordenación gramatical las palabras pueden adquirir otros significados. Los contenidos semánticos de la palabra son un elemento muy importante en la composición de la obra literaria.

Otros elementos literarios en los medios expresivos son los cambios de significado para poder expresar la totalidad de las vivencias y experiencias psíquicas. La imaginación, la afectividad, la elaboración intelectual y las asociaciones psíquicas contribuyen a la creación de imágenes para lograr más expresividad, más belleza y más elaboración artística.

La imagen consiste en dar al significante un nue-nuevo significado, basado en asociaciones. Las imágenes pueden ser de color, visuales, gustativas, olfativas, ópticas, cinestésicas, táctiles, auditivas. De todas estas sensaciones se vale el escritor para lograr trasmitir su mensaje al lector.

Dentro del mundo de las imágenes están los símiles. En el soneto *El Sueño del Caimán*, el poeta lo ve «*inmóvil como un ídolo sagrado /, a manera de un príncipe encantado /, cual monstruo de cristal que reverbera».* Aquí el escritor ha usado los símiles para describir al caimán.

Otra imagen es la metáfora; Antonio Quilis la define como «un cambio semántico por el cual un significante acepta otro significado distinto al propio en virtud de una comparación no expresa». Gerardo Diego, al hablar del ciprés de Silos, utiliza en su soneto varias metáforas para definir al ciprés: «Enhiesto *surtidor* de sombra y sueño; *chorro* que a las estrellas casi alcanza; *mástil* de soledad, *flecha* de fe, *saeta* de esperanza».

La expresión literaria utiliza también las sensaciones de afectividad que llevan en sí las palabras de que el escritor las ha cargado. Las proposiciones, las oraciones gramaticales, llevan en sí una carga de afectividad que es necesario hacer notar al analizar un cuento.

ANALISIS DEL CUENTO

I. ELEMENTOS

Título: 1. Significación del título: literal o simbólico.
                 2. Relación con el asunto, tema central o ideas secundarias.

Asunto: 3. ¿De qué trata el cuento? (Exprésolo en una oración.)

Tema central: 4. La idea central del cuento.
                 5. Las ideas secundarias.

Clasificación: 6. ¿Qué clase de cuento es: poético, fantástico, de misterio, realista?
                 7. Es: ipsicológico, humorístico, social, satírico, filosófico, costumbrista, etc?

Personajes: 8.   Caracterización: ¿directa o indirectamente?

9.   ¿Actúan los personajes de acuerdo a su índole y propósitos, o a expensas del autor?

10. ¿Personajes reales, simbólicos o tipos?

Ambiente: 11.   Escenario de la acción.

12. Epoca y cuánto tiempo dura.

13. Atmósfera: misterio, angustia, paz, amor.

14. Acción del cuento: complicada, lenta, sencilla, detallada.

15. Acción: ¿externa o interna?

II. ESTRUCTURA INTERNA

Introducción: 16.   Exposición o información.

Desarrollo: 17.   El punto culminante.

18. Otros momentos de tensión.

Desenlace: 19.   ¿Cómo se resuelve el conflicto?

Esquema: 20.   ¿Tradicional o moderno?

III. TECNICA

Punto de vista: 21.   En primera o en tercera persona.

22. Narrado en tercera persona, el autor es: simple relator, autor

omnisciente selectivo o autor omnisciente múltiple.

Centro de interés: 23. ¿Quién o qué cosa lo constituye?

Retrospección: 24. Tiempo cronológico, invenciones temporales, vuelta al pasado. ¿Con qué objeto?

Suspenso: 25. ¿Se retarda la acción para crear interés?

Tono: 26. Actitud del autor: humorística, didáctica, satírica, etc.

IV. MODOS EXPRESIVOS Y ESTILO

Modos: 27. El autor utiliza diálogo, descripciones.

Estilo: 28. El vocabulario y la adjetivación, ¿contribuyen a realzar el tema? ¿Perfilan la construcción gramatical, las figuras estilísticas, imágenes, metáforas, símiles?

Positiva: 29. Valores estéticos, ideológicos, sociales, éticos, religiosos, del cuento.

30. ¿Tiene el cuento, a su juicio, algún fallo? Ideas, costumbres, ambientes.

BIBLIOGRAFIA

ALVAREZ NAZARIO, M. y RIVERA DE ALVAREZ, J.: *Manual de lecturas.* (Primer semestre), Mayagüez, CAAM, P. R., 1962.

ANDERSON IMBERT, E.: *El cuento español.* Buenos Aires, Columba, 1959.

BAQUERO GOYANES, M.: *¿Qué es el cuento?* Buenos Aires, Columba, 1967.

CASTRO ALONSO, C. A.: *Didáctica de la literatura.* Madrid, Anaya, 1969.

GARCÍA PAVÓN, F.: *Antología de cuentistas españoles contemporáneos,* 2.ª edición. Madrid, Gredos, 1968.

GAYOL FERNÁNDEZ, Manuel: *Teoría literaria* (2 volúmenes), 8.ª edición. Guatemala, Cultural Centroamericana.

MASTRÁNGELO, Carlos: *El cuento argentino.* Buenos Aires, Hachette, 1963, capítulo XVIII.

MELÉNDEZ, C.: *El arte del cuento en Puerto Rico.* New York, Las Américas, 1961.

MELÉNDEZ, Concha: *Cuentos hispanoamericanos.* México, Oriente, 1966.

MENÉNDEZ PIDAL, R.: *Antología de cuentos de la Literatura Universal.* Barcelona, Labor, 1963.

MENTÓN, S.: *El cuento hispanoamericano, Antología crítico-histórica.* México, Fondo de Cultura Económica, 1964.

QUILES DE LA SUR, Lillian U. P. R.: *El cuento en la literatura puertorriqueña.* Río Piedras, 1968.

QUILIS, Antonio: *Lengua española.* Valladolid, 1973.

ROSA-NIEVES y FRANCO OPPENHEIMER: *Antología general del cuento en Puerto Rico* (2 volúmenes). San Juan P. R., Campos, 1959.

SAINZ DE ROBLES, F. C.: *Cuentistas españoles del siglo* XX. Madrid, Aguilar, 1966.

U. P. R., Colegio Regional de Humacao: *Antología de lecturas.* Río Piedras, Ed. Universitaria, 1970.

SEXTA UNIDAD
EL DRAMA

CONCEPTO DE DRAMA

La palabra 'drama' se deriva del griego *drao*, y significa acción, señalando así la característica esencial del drama que consiste en que ciertos personajes lleven a cabo una acción en un escenario mediante el diálogo y la creación de una atmósfera propia.

La acción del drama es representada por personajes vivos que encarnan las ideas y conceptos del dramaturgo. Vemos desarrollar ante nosotros la acción.

El drama supone una representación por medio de actores y un público que presencia el espectáculo dramático. El escritor crea sus personajes y su acción; el público presencia el desarrollo de la acción y los actores encarnan, representan los hechos. Las luces, el escenario, los decorados contribuyen a crear una imagen de la realidad.

La acción dramática

La acción dramática se compone de los tres elementos comunes al cuento y a la novela: exposición, nudo y desenlace. La exposición nos da suficiente información sobre los personajes o sobre la acción para que el espectador pueda entender y seguir la obra dramática. Dentro de la exposición está lo que se llama *incidente*. Consiste en ciertas palabras, acciones, mal entendidos que provocan una serie de conflictos dramáticos, dando así origen a la obra dramática. El incidente produce una tensión dramática que va aumentando hasta llegar al clímax o nudo de la acción. El clímax es el momento de máxima tensión que mantiene en suspenso a los espectadores. El desenlace es la solución del problema planteado y el descenso desde el clímax hacia el final de la obra. El desenlace debe ser natural y de acuerdo a los términos del conflicto planteado.

Estructura externa de la obra dramática

La estructura externa de la obra dramática la constituyen los actos, jornadas, cuadros y escenas. Los actos o jornadas son partes fundamentales en el desarrollo de la acción dramática. Los actos facilitan además el cambio de escenario, de tiempo, de lugar. Generalmente las obras se estructuran en tres actos, lo que presupone dos interrupciones: aparición, nudo y desenlace acción. Los cuadros es la forma moderna de indicar los cambios de lugar, variaciones de ambientes, pero no indican un cambio fundamental en la acción dramática como los actos.

Las escenas son las divisiones menores dentro de los actos. Se originan por las entradas y salidas de los personajes durante la representación teatral.

ESTRUCTURA INTERNA DE LA OBRA DRAMÁTICA

La estructura interna del drama consiste en el desarrollo de la acción motivado por la lucha de interés y emoción y representabilidad.

Unidad

Aristóteles en su *Poética* exigía las tres unidades clásicas: unidad de acción, unidad de lugar y unidad de tiempo. Las unidades de tiempo y de lugar no han sido respetadas y ha habido muchas tendencias dentro de la historia del drama. La unidad de acción es la más esencial. La única unidad que actualmente se le exige al autor dramático es la unidad de acción que resulta esencial para la arquitectura dramática.

Verdad

La verdad consiste en que el asunto, los personajes, las situaciones y la atmósfera estén conformes con la realidad. El drama es representación de la vida humana y debe haber en él verdad humana y verdad artística. Lo contrario a la verdad dramática es la falsedad, la incoherencia y lo ilógico.

Variedad

La variedad es un elemento importante para la creación de la belleza dramática. Consiste en la presentación de diversas peripecias, sorpresas y otros efectos escénicos que el dramaturgo utiliza para mantener el interés de la obra. La amenidad del diálogo, la diversidad de tonos, la riqueza de técnicas escénicas contribuyen a la variedad.

Interés

La variedad contribuye a mantener el interés en los espectadores. El interés depende más del plan de acción y de su desarrollo que de la importancia del tema. En la obra dramática hay que mantener un ascenso en la intensidad y sorprender al público con situaciones no esperadas. El dramaturgo no debe permitir que el auditorio se le adelante en la solución de las situaciones.

Representabilidad

Hay obras dramáticas que no pueden ser representadas por la extensión de los actos, por lo complicado de la representación, o por la infinidad de personajes que intervienen. Son dramas para ser leídos, más que para ser representados. Una característica esencial de los dramas es, pues, que pueden ser representados sin dificultades insalvables.

Personajes dramáticos

Los personajes son los que realizan la acción dramática. El protagonista debe ser un individuo con personalidad propia que se destaca en las dificultades y conflictos dramáticos. Debe ser humano, dotado de sentimientos y pasiones que reflejen el mundo de la vida. La creación de grandes caracteres es difícil. Sólo dramaturgos como Shakespeare en el teatro inglés, Tirso de Molina y Calderón en el teatro español, entre otros, lo han logrado.

Además del protagonista, hay en la obra otros muchos personajes; entre ellos está el antagonista, que *es el personaje que lucha* o se enfrenta de alguna manera al protagonista. Otros muchos personajes secundarios contribuyen a la acción dramática. Al imprimir las obras dramáticas es frecuente que los personajes aparezcan enumerados al principio.

Caracterización

Caracterización directa es el conjunto de las manifestaciones hechas por otros personajes acerca de uno determinado. *Indirecta* es cuando el espectador debe sacar conclusiones acerca de un carácter tomando como punto de partida las palabras y acciones del propio personaje.

Diálogo

La forma de expresión propia del drama es el diálogo. El dramaturgo hace hablar a sus personajes según su papel en la representación; ellos hablan y expresan sus sentimientos, afectos, odios, ideas, opiniones. Los personajes deben hablar de acuerdo a su edad, profesión, carácter y temperamento.

Dentro de las posibilidades expresivas del drama hay variaciones. El *monólogo*, también llamado soliloquio (en la novela se llama monólogo interior o fluir de la conciencia), es la presencia de un personaje hablando solo en el escenario y manifestando lo que sucede dentro de su espíritu; deja que su conciencia fluya y los espectadores escuchan en el monólogo todo lo que personaje piensa en su interior. En el teatro de Calderón de la Barca es famoso el monólogo o soliloquio de Segismundo del drama *La vida es sueño.* Es famoso también el monólogo de Hamlet en la obra de Shakespeare: «To be or not to be; that is the question».

Los apartes que a veces hacen los actores en la representación son manifestaciones y anticipos de lo que piensan ellos hacer y se lo adelantan a los espectadores; los actores fingen no oír los apartes. Es una técnica de anticipación y de mantener el interés del auditorio y a veces un recurso de humor.

Acotaciones escénicas

Son las direcciones que el dramaturgo intercala antes de cada escena para indicar de qué forma quiere que los actores interpreten esa escena. Ramón del Valle-Inclán en sus obras teatrales ha hecho unas acotaciones literarias muy originales que son esenciales en la representación de la obra. Esas acotaciones en la representación son leídas desde un rincón del escenario por un lector; es como si el dramaturgo hubiera intercalado en la obra un narrador.

Cualidades del diálogo

El diálogo teatral es una creación literaria; tiene que tener elegancia, pureza, precisión y responder a las formas lingüísticas de los personajes. Además de estas cualidades literarias, el diálogo debe ser claro, evitar ser abstruso; todos los espectadores o lectores de la obra teatral deben entender con facilidad el diálogo. La naturalidad indica que los personajes deben hablar como si las palabras salieran de su mente y no hubieran sido aprendidas de memoria. Un diálogo natural es vivo, agradable, lleno de expresiones lingüísticas populares. El diálogo indica que hay dos interlocutores o más. Un personaje o actor no debe acaparar toda la conversación. El diálogo tiene que producir cierta emoción en los oyentes. Para ello los actores deben hacer uso de todos los recursos de la elocución para impartir variedad, cambios de voz, de gestos, de acentos y de entonación.

El diálogo puede, además, ser en prosa o en verso. En el siglo de oro de la literatura española los dramaturgos utilizaban el verso en las obras dramáticas; tenían que ser, además de buenos dramaturgos, buenos poetas para crear los diálogos en verso. En la época romántica se mezcló prosa, los protagonistas y demás personajes principales hablaban en verso. Gradualmente la prosa, por ser más natural, acabó por imponerse.

Escenografía

El drama tiene dos partes; una es la obra de arte escrita y que es producto del dramaturgo. La otra es la representación por los actores. Aquí, la función principal es la del productor y la del director. El director trata de dar vida al drama frente a los espectadores. Utiliza luces, vestuario, decorados, gestos de los actores y las palabras de la obra dramática. A los asistentes a la obra teatral se les llama espectadores (de *spectare*, mirar), y son parte importante de la representación teatral. El espectador completa el arte de la ficción dramática formando, con los actores, la unidad teatral representativa.

En la Edad Media el escenario más corriente era el llamado *escenario simultáneo*. Consistía en tener varios escenarios juntos y los actores pasaban de uno a otro para realizar la acción correspondiente. Los teatros de la Edad Media eran las plazas de las ciudades donde levantaban los tablados para las representaciones escénicas. En el Renacimiento se utilizaron los llamados *escenarios de barraca* que consistían en un proscenio elevado y sin bastidores; en la parte posterior tenían cortinas. Los actores podían entrar y salir por los lados o a través de las cortinas. Las barracas representaban casas. Aparecen los bastidores. Cada ambiente exigido por la escena era representado por los diferentes bastidores que utilizaban. En el siglo XVII se comenzaron a construir en todas partes edificios especiales para las representaciones teatrales. Se establece también la clase social de los actores. La escenografía se enriquece en los teatros de la corte; se utilizan bastidores, telones de fondo y otros muchos recursos técnicos para realizar el arte escénico. En el siglo XX el teatro no ha logrado la revolución que se esperaba al adaptar al arte escénico cine, radio, altavoces, teléfono y otras innovaciones muy utilizadas por el cine y la televisión.

Sin embargo, el teatro se ha liberalizado del planteamiento realista del siglo XX y ha iniciado su camino hacia el mundo de la fantasía. En el cine, las películas de Walt Disney han creado verdaderas maravillas de fantasía y color. El teatro ha buscado una verdad más íntima, más psicológica, más idealista.

En el siglo xx aparecen algunos innovadores teóricos del sistema y del arte teatral. Edward Gordon Craig rechaza el naturalismo y proclama la ley de la integración de elementos como el gesto, las palabras, las líneas y colores del decorado y el ritmo de la danza. El actor es una parte que debe integrarse en la totalidad de la representación dramática.

Georg Fuchs se preocupa por una mayor comunicación entre actores y espectadores para lograr una comunión de emociones. «Hay que buscar un espacio en el que el movimiento dramático se transforme en movimiento espiritual dentro del alma de la multitud.» Fuchs prefiere que el actor se destaque en el escenario limitando o reduciendo la importancia de los decorados. El actor y el público espectador deben entrar, dice, «en un diálogo directo mutuo».

Reinhardt proclama también la necesidad de una mayor y más estrecha colaboración del espectador, éste debe olvidarse de sí mismo y entrar en la acción. Para eso el escenario y la sala deben estar más unidas de tal forma que no haya diferencia entre los actores y el público.

Meyerhold ha suprimido toda la escenografía y ha acercado la representación a una comunicación entre espectador y actor. Actores y espectadores representan el drama.

Grotowsky afirma que la representación dramática es una experiencia en la que el teatro «nace en cada representación» comunicando con gestos y palabras el caos de la vida de nuestro siglo.

GENEROS DRAMATICOS

En las representaciones teatrales del drama se dan varios géneros según sea su acción.

Tragedia

Lo trágico es condicionado por una firmeza especial y una determinación de los personajes. El personaje dramático que sucumbe sólo es trágico cuando no tiene posibilidad de evitar su sino, cuando tiene forma definitiva y se conserva siempre igual. El personaje trágico empieza todo su ser en la ejecución de un propósito, de un plan, de una idea. Hay sublimidad en el asunto y el desenlace es generalmente doloroso y a veces termina con la muerte del héroe que no ha podido vencer su sino, dominado por fuerzas superiores.

Comedia

Lo cómico es cuando hay una solución inesperada que produce risa explosiva. Lo cómico tiene carácter sorpresivo. Los conflictos son supuestos, no reales, como en la tragedia; las situaciones son falsas y los personajes irreales o ridículos .

Drama

Aunque en sentido general indica toda obra teatral, sin embargo, es también un género distinto de la tragedia y de la comedia. Plantea un conflicto real y doloroso, situando a los personajes en un plano vital estrictamente humano, muy lejos de la épica o del heroismo.

Teatro de tesis

El drama como la novela puede ser utilizada por el dramaturgo para la defensa de una teoría política, religiosa, moral o social y convirtiéndolo en una obra de tesis.

Teatro psicológico

El teatro es en gran medida, análisis psicológico de dos o más personajes.

Autos sacramentales

Son obras alegóricas donde se personifican las virtudes; las virtudes y vicios y se exaltan el misterio de la eucaristía y las verdades fundamentales de la religión católica. Tuvo su auge en el siglo XVII.

Loa

Es una obra alegórica y de circunstancia, escrita para conmemorar algún hecho o personaje histórico; pertenece también al barroco.

Pasos

Son obras breves, de argumento sencillo, con intención cómica.

Entremeses

Son breves estampas dramáticas que se representaban entre dos actos de las comedias y servían para entretener al público mientras se cambiaba la escenografía para el próximo acto. Los entremeses están llenos de gracia maliciosa y alegre ironía.

Sainete

El sainete es una comedia breve que presenta, en uno o dos actos, costumbres populares para provocar la risa y diversión del auditorio.

ORIGENES Y DESARROLLO DEL TEATRO ESPAÑOL

1. *Representaciones medievales*

a) El *drama litúrgico* que primero se representó en las grandes solemnidades religiosas se dividió en dos tipos: los misterios y las moralidades. Los primeros eran representaciones religiosas que llevaban a la escena la vida de un santo o episodios de la natividad o la pasión de Cristo. Las moralidades, variantes del misterio, cuyo ciclo comienza hacia el 1300, eran representaciones alegóricas en que los personajes simbolizaban ideas, virtudes, vicios, etc., y en cuya trama se mezclaban farsas jocosas con finalidad didáctica. Las moralidades constituyen el antecedente más antiguo del auto sacramental que luego florecerá en los siglos XVI y XVII.

b) La *farsa* que en Francia se consideró como un relleno entre los «descansos» de la representación era en España conocida como *juego de escarnio* para entretener a los espectadores. Ya en la farsá se complican los recursos dramáticos e irrumpen en ella plenamente los elementos profanos. Estas piezas constituían una crítica de tipo social y eclesiástico.

Ejemplos de estos géneros:

Misterios.—1. *El auto de los Reyes Magos* (siglos XII-XIII). Esta obra ya se caracteriza por un rasgo que luego definirá el teatro posterior: la polimetría. 2. *El misterio de Elche* (siglo XV).

Moralidades.—1. *Marcos y la Navidad* (Anónimo).

Farsas.—1. *La tinaja* y *La princesa encantada* (Anónimos).

2. *Ciclo de Lope de Vega*

a) Lope de Vega (1562-1635). En su obra toma forma definitiva la comedia del Siglo de Oro. Hizo las siguientes innovaciones dentro de la comedia: *a*) limitó la comedia a tres actos, subdivididos a su vez en cuadros; *b*) utilizó el poliestrofismo al estructurar la obra; *c*) rompió con las tres unidades grecolatinas, sobre todo con las de tiempo y lugar; *d*) dio forma definitiva al tipo del gracioso; *e*) se alejó de los temas clásicos reafirmándose en los nacionales; *f*) bajo el nombre de comedia fundió lo trágico y lo cómico, apartándose así de la tradición clásica donde estos géneros aparecían por separado, y *g*) incorporó elementos folklóricos (la danza, el canto) a la representación, enriqueciéndole como ya lo había hecho Gil Vicente.

Los temas que predominan en su teatro son los siguientes: *a*) Monárquico; *b*) religioso; *c*) la historia y la leyenda, y *d*) la honra.

Obras representativas: *Peribáñez y el Comendador de Ocaña; El mejor alcalde, el Rey; El caballero de Olmedo; Amar sin saber a quién; El villano en su rincón.*

b)   «Tirso de Molina» (1584-1642) (Gabriel Téllez). Se caracteriza su teatro por: *a*) la pintura de caracteres; *b*) el uso de los elementos histórico-nacionales, y *c*) preocupación por los temas teológicos. Tirso de Molina es el continuador del tipo de comedia creado por Lope de Vega.

Obras representativas: *El burlador de Sevilla, El condenado por desconfiado, La prudencia en la mujer, Don Gil de las calzas verdes, El colmenero divino* (auto sacramental).

c)   Juan Ruiz de Alarcón (1581-1639). *Características de su teatro*: *a*) preocupación por los aspectos formales de su obra; *b*) subordina todo a los valores éticos (preocupación por la justicia); *c*) el mejicanismo que da cierto exotismo a su obra, y *d*) actitud crítica hacia la mujer y hacia ciertas costumbres convencionales

Obras representativas: *La verdad sospechosa, Las paredes oyen.*

3. Ciclo de Calderón

a) Calderón de la Barca (1600-1681). Características de su teatro: *a*) teatro de ideas (reflexión y solidez); *b*) aunque continúa perfeccionando la temática del siglo anterior lo hace dentro de un marco conceptual —simbólico que a veces linda con lo abstracto—, y *c*) perfecciona la construcción técnica de la obra.

Limita el número de personajes y los convierte en símbolos de sus ideas. Crea caracteres donde Lope sólo tenía tipos. La escenografía se enriquece con elementos tomados de otras artes tales como la arquitectura, la danza, la pintura, la música. En su teatro se observan dos etapas, la primera de las cuales muestra su proximidad al teatro de Lope (*El alcalde de Zalamea*), y en la segunda se nota la intensificación de los elementos barrocos que son los que en definitiva van a caracterizarle. (Ejemplo: *La vida es sueño*.)

Estilo. Lenguaje barroco, rico en metáforas plásticas, símbolos y alegorías, donde se mezcla el conceptismo y el gongorismo.

Los autos sacramentales. Piezas dramáticas originalmente representadas el día de Corpus Christi y dedicadas en su mayoría a exaltar el sacramento de la Eucaristía. Aparte del tema religioso los autos abordan temas mitológicos, histórico-legendarios, filosóficos, aunque sin perder su proyección teológica. La representación consta de un solo acto, en verso, con personajes alegóricos que pasan a ser símbolos de las ideas teológicas. Ejemplos: *El gran teatro del mundo, La cena de Baltasar, El divino Orfeo*.

b) Francisco de Rojas Zorrilla (1607-1648).
Obras: *Del Rey abajo, ninguno*, o *García del Castañar*.

c) Agustín Moreto y Cabañas (1618-1669).
Obras: *El lindo Don Diego; El desdén con el desdén*.

4. *Características del romanticismo*

Técnica:

a) Se rompen las unidades clásicas restituidas durante el neoclasicismo del XVIII.

b) Se mezcla la prosa y el verso y personajes de diversos niveles sociales.

c) Diversidad métrica.

d) Abundancia de personajes.

e) Uso de ciertos recursos dramáticos. (Ejemplo: el uso y abuso de la casualidad y la coincidencia.)

f) Uso de personajes desconocidos; desenlaces trágicos y a veces forzados para acomodarse a la solución de la trama.

Temas:

a) Episodios históricos (vuelta a la Edad Media sin fidelidad historicista). Lo legendario y lo folklórico.

b) Exaltación de lo nacional.

c) El empleo del determinismo o fatalismo.

d) Las pasiones humanas llevadas a sus extremos (conflictos psicológicos que llevan al suicidio).

e) Fusión de elementos políticos y amorosos.

f) El honor visto con criterio convencional.

g) El exotismo orientalista.

Autores y obras:

a) *Don Alvaro o la fuerza del sino*, de Angel de Saavedra, duque de Rivas (1791-1864).

b) *El Trovador*, de Antonio García Gutiérrez (1813-1884).

c) *Don Juan Tenorio*, de José Zorrilla (1817-1893)

d) *Los amantes de Teruel*, de Juan Eugenio Hartzenbusch (1806-1880).

e) Francisco Martínez de la Rosa (1787-1862) comenzó cultivando la comedia moratiniana y luego evoluciona hacia el drama de transición romántica. Ejemplo: *La conjuración de Venecia*.

5. *Teatro moderno y contemporáneo*

Con la influencia de Enrique Ibsen y las investigaciones psicológicas de Freud aparece un nuevo teatro que recoge las palpitaciones de este momento y cuyos exponentes máximos son:

a) Jacinto Benavente (1866-1956) con *Los intereses creados, La malquerida, Señora ama.*

b) Manuel Linares Rivas (1878-1938) con *El abolengo* y *La garra.*

c) Eduardo Marquina (1879-1946) con *Las hijas del Cid* y *El pavo real.*

d) Serafín (1871-1938) y Joaquín (1873-1944) Alvarez Quintero, con *El genio alegre, Malvaloca* y *Puebla de las mujeres.*

6. *Teatro contemporáneo*

Se caracteriza este teatro por:

a) La vuelta al uso de elementos de lo popular estilizado (coplas, romances, tipos, etc.).

b) Empleo de elementos líricos tanto de forma como de contenido.

c) Una vuelta al tema del honor visto ya desde ángulos más humanos y profundos.

d) Preocupaciones estéticas que hallan su cauce tanto en el aspecto formal como en el de contenido.

Obras y autores representativos:

1. Jacinto Grau (1877) con *El conde Alarcos* y *El señor de Pigmalión*.

2. Valle-Inclán (1869-1936) con las *Comedias bárbaras* y *Esperpentos*.

3. Alejandro Casona (1900) con *Nuestra Natacha* y *Prohibido suicidarse en primavera*.

4. Federico García Lorca (1899-1936) con *Yerma, Bodas de sangre* y *La casa de Bernarda Alba*.

5. Antonio Buero Vallejo (1916) con *Historia de una escalera* y *En la ardiente oscuridad*.

ELEMENTOS INTEGRANTES DEL DRAMA

1. ACCIÓN DRAMÁTICA

Se entiende por acción dramática la suma de aquellos elementos de la obra que en función progresiva van logrando el desenvolvimiento gradual de la trama con momentos de mayor o menor intensidad a través de la exposición, el clímax y el desenlace. De acuerdo con el desarrollo del tema se pueden dar en una pieza una o más acciones. La preceptiva clásica recomienda el uso de una sola acción en la obra para mantener el mayor equilibrio con los elementos de tiempo y lugar. Sin embargo, la historia del teatro muestra ejemplos donde los autores se alejan de estas reglas utilizando la acción paralela. El teatro de Shakespeare y el teatro romántico representan esta última tendencia.

2. Caracterización

Desde el punto de vista técnico es uno de los aspectos más importantes del género. En la creación de personajes se pueden distinguir tres modalidades.

a) Carácter.

b) Tipo.

c) Silueta.

3. Diálogo y lenguaje

El diálogo es el fundamento dinámico de una obra teatral. Sobre el diálogo descansa esencialmente toda la obra y es donde se proyectan todos los elementos constitutivos de ésta. (Véase: Usigli, Rodolfo: *Itinerario del autor dramático*, Méjico, D. F., 1940.)

El lenguaje es en la obra de teatro un instrumento vivo y dúctil que sirve tanto para caracterizar y ambientar la obra como para producir efectos estéticos determinados. Nadie como el dramaturgo debe poseer un conocimiento de los recursos y resortes del lenguaje que le permitan llevar hasta el espectador la imagen viva de la vida, sin olvidar que esto sólo puede lograrse en una obra de arte mediante el empleo artístico del idioma.

4. Ambiente o marco escénico

El ambiente se crea en la escena no solamente con recursos materiales tales como el vestuario, la escenografía, la luminotecnia, recursos de sonido, etcétera, sino también por medio de los elementos de lenguaje, folklore, etc.

5. Recursos técnicos del teatro

El lenguaje de la obra dramática tiene sus recursos propios ajenos al de la novela, poesía, etc. Los elementos fundamentales para la creación dramática son los siguientes:

a) Empleo del diálogo, del monólogo, del aparte y las voces de fondo.

b) Las motivaciones.

c) El uso de la acción retroactiva.

d) Distribución y composición de escenas, cuadros y actos.

e) El fin inesperado (por sorpresa).

f) Monólogo interior.

g) Empleo de ciertos recursos tales como la casualidad, la coincidencia, etc.

6. TONO Y SÍMBOLOS

El tono, especie de atmósfera o clima que satura la obra, se logra por el lenguaje, por la combinación de los diversos recursos dramáticos, por la actuación de los personajes, etc. El tono puede ser lírico, melancólico, filosófico, religioso, melodramático, humorístico, satírico, festivo, etc.

Símbolos

A menudo, el mensaje del autor se expresa por medio de una serie de símbolos que pueden encarnar en uno o más personajes, en ciertos elementos del lenguaje repetidos insistentemente, en motivos de la escenografía, etc.

7. ACOTACIONES

Las acotaciones son las instrucciones y sugerencias que acompañan el texto de la obra dramática, relativas a la acción de los personajes y al servicio de la escena.

ANALISIS DEL DRAMA

1. EL TITULO

   a) Importancia de un título acertado.

   b) Su significación.

2. EL ASUNTO

   a) Establecer claramente lo que se entiende por asunto.

   b) Descubrir el asunto de la obra y examinar sus características para distinguirlo luego del tema.

   c) Ver la manera particular que tiene el autor de presentarlo o enfocarlo.

d) Interpretación que el autor hace del asunto escogido.

e) Fuentes utilizadas; experiencias vividas por el autor; hechos tomados de la historia.

f) Ver si es una recreación poética o realista.

g) Determinar si el asunto tiene unidad. ¿Por qué tiene unidad? Destacar la importancia de la unidad en cualquier parte de la obra y en su totalidad.

3. EL TEMA

a) Descubrir el tema de la obra y distinguirlo del asunto pero estableciendo la relación que hay entre ambos.

b) Clasificación del tema: histórico, filosófico, religioso moral, sociológico, político.

c) Buscar los temas secundarios enumerándolos en orden de importancia. Señalar pasajes que ilustren los temas secundarios.

d) ¿Qué procedimientos utiliza el dramaturgo para revelarnos el tema: personajes, circunstancias, símbolos materiales en la escena, folklore, música de fondo, etc.?

e) Establecer la relación que existe entre el título y el tema.

f) Si el tema está sugerido en algunos símbobolos, analizar cada uno de éstos o los más sugestivos.

g) ¿Hay alguna relación entre la atmósfera de la obra y el tema?

h) ¿Cuál es la tesis del autor? (la idea política, filosófica, religiosa o moral prevaleciente).

4. LOS ELEMENTOS DEL DRAMA

a) **Personajes**

1. Determinar si son verdaderos caracteres o si son tipos o entes simbólicos.

2. A base de los personajes principales analizar si reúnen las características de un buen personaje dramático.

   a) Profundidad o complejidad psicológica del personaje o si es un personaje de una sola pieza.

   b) Verosimilitud en las actuaciones del personaje. Ver si tiene consistencia psicológica.

   c) Inquietudes ideológicas del autor reflejadas directa o indirectamente en los personajes.

d) Integración de los personajes y la acción dramática. ¿Contribuyen todos a ella? ¿Por qué?

e) Motivaciones envueltas en la conducta de los personajes; factores envueltos en determinadas actitudes.

f) ¿Cuál o cuáles personajes llevan el peso de la obra? ¿Por qué lo sabemos?

g) Si hay conjuntos de personajes en la obra ¿qué propósito dramático cumplen dentro del plan de la obra?

h) ¿Hay personajes que no tienen presencia material en la obra pero que mueven la acción dramática con igual fuerza? ¿Cómo lo logran?

i) ¿Está presente la fatalidad como factor determinante en la conducta de los personajes?

j) Hacer un análisis de uno de los personajes principales (como trabajo escrito) tomando en cuenta los puntos enumerados arriba.

k) ¿Qué símbolos materiales apuntan hacia la realidad psicológica de los personajes?

Ambiente

1. Descripción y clasificación del ambiente: realista, fantástico, aristocrático, rural, urbano.

2. Relación entre el ambiente y el diálogo de los personajes que lo representan.

3. Atmósfera de las escenas y su relación con el ambiente. Clasificación de la atmósfera como: evocadora, deprimente, sugestiva, futurista, de misterio poético, etcétera.

4. En la obra puede haber choque de ambientes, ver si la obra gira en torno a ese conflicto.

5. De qué recursos escénicos se vale el autor para crear el ambiente: voces tras bastidores, sonidos especiales, musicales, juegos de luces, detalle del vestuario y el mobiliario, objetos evocadores de otro ambiente, escenas de baile intercaladas en el transcurso de la acción, datos exteriores que afectan la escena desde afuera y crean un ambiente de expectación.

6. El ambiente lo determina también el tipo de obra dramática, tragedia, comedia, drama.

7. ¿Pesa el ambiente sobre los personajes en forma parcial o decisiva, lo superan o son aplastados por él?

8. ¿Se logra mantener el mismo ambiente o el que se espera a través del diálogo?

9. ¿Qué relación hay entre el ambiente, el tema, el asunto, y los personajes? ¿Contribuyen todos a la unidad total de la obra?

c) **Acción dramática**

1. Señalar la importancia que tiene la acción dramática en este género literario.

2. Explicar cómo se desenvuelve la acción dramática en exposición, nudo y desenlace.

3. Examinar cada una de estas etapas en la obra que se estudia.

4. Establecer diferencias entre la acción dramática en la novela y el drama a base de las obras estudiadas en clase.

5. Planos en que se puede realizar la acción dramática: interno, externo, pasado, presente, futuro.

6. ¿Qué efecto se logra con determinados planos de la acción dramática?

7. Fluctuaciones de ritmo en el desenvolvimiento de la acción dramática, dinámico, lento, acelerado, movido, extático.

8. ¿La acción se logra en la obra con un diálogo movido o mediante cambios sucesivos de escenas y cuadros?

9. ¿Cómo se motiva la acción en la obra?

10. Hacerles ver a los estudiantes cómo la acción va cobrando preeminencia a medida que pasamos del cuento, a la novela y al drama.

5. ESTRUCTURA

a) Actos o jornadas

1. Los actos o jornadas son las unidades que permiten graduar la acción dramática.

2. Explicar que en algunas épocas la obra dramática se dividía en cinco actos: época latina. Shakespeare, y en los siglos XVII y XVIII. Lope la reduce a tres actos y los llama jornadas.

3. Examinar un acto de la obra seleccionada para verlo como unidad particular dentro de la unidad total.

b) **Las escenas**

1. Definirlas como subdivisiones de los **actos** y determinadas por las entradas y salidas de los personajes.

2. ¿Cómo maneja el dramaturgo los cambios de escena para darle equilibrio interés y movimiento a la acción dramática?

3. ¿Qué efectos logra con determinadas escenas?

4. ¿Tienen la misma duración todas las escenas?

5. Tipos de escenas: retrospectivas, simultáneas, descritas por un personaje. En el teatro moderno algunos personajes comienzan describiendo una escena y de pronto la escena cobra actualidad y se incorpora dentro de la acción real. Señalar otros recursos escénicos en el teatro moderno.

6. Estudiar algunas escenas culminantes de la obra. Ver por qué están bien logradas.

c) **Cuadros**

1. Definirlos como «porciones continuas de acción en un mismo lugar». (Lapesa, **Introducción a los estudios literarios**, página 132.)

2. Algunas veces los cuadros están determinados por simples cambios de escenografía dentro de un acto.

d) Unidades dramáticas

1. Explicar brevemente en qué consistían las unidades dramáticas de tiempo, lugar y acción.

2. Hacer un breve comentario histórico acerca de estas unidades.

e) El diálogo

1. Destacar la importancia del diálogo: es el cañamazo con el que se elabora la obra.

2. El diálogo puede ser en verso o en prosa; citar ejemplos.

3. Si el diálogo es en verso, descubrir la versificación utilizada en las distintas situaciones: soneto, para los monólogos, redondillas, y quintillas para el diálogo rápido, etc.

4. Tendencias modernas en el uso del diálogo: en prosa para obras realistas y en verso para obras poéticas.

5. ¿Qué características presenta el diálogo en los distintos personajes? ¿Cómo logra revelarnos el personaje?

6. Hacer alusión al diálogo de **La Celestina** cuando se estudie este aspecto de la obra dramática.

7. Distinguir entre parlamentos, monólogos y apartes. Ver si hay ejemplos en la obra. Señalar cuáles son recursos anticuados.

f) **El lenguaje**

1. Aunque estrechamente relacionado con el diálogo se pueden estudiar aparte algunos aspectos del lenguaje dramático.

2. Si la obra es de carácter poético se deben buscar aquellos pasajes de mayor expresividad y belleza desde el punto de vista del lenguaje.

3. Ver si hay dominio del lenguaje popular: refranes, modismos, giros lingüísticos, deformaciones fonéticas, etc.

4. ¿Expresa ese lenguaje popular el alma del pueblo?

5. ¿Qué recursos lingüísticos utiliza el dramaturgo para revelarnos el mundo afectivo de los personajes? Metáforas, símiles, exclamaciones, interjecciones, adjetivo, reiteración de frases, ironía, sátira, etcétera.

6. ¿Qué actitud revela el autor ante el lenguaje?

6. VISION DEL CONJUNTO

1. **Relación entre contenido y estructura**

   a) ¿Tiene unidad la obra en su conjunto? ¿Qué elementos le dan esa unidad?

   b) Equilibrio de las partes; proporción en la combinación de las partes menores.

   c) ¿Hay exceso de detalles o partes demasiado extensas?

2. **¿Qué relación se puede establecer entre el autor, la época en que escribe y la forma de la obra?**

3. **Estilo.**

   a) Señalar una serie de características del estilo dramático del autor.

4. **Los valores esenciales de la obra dramática.**

   a) De técnica.

   b) De lenguaje.

   c) De caracterización.

   d) De creación de ambiente.

   e) Ideológicos, etc.

5. **El mensaje que nos quiere comunicar el autor.**

BIBLIOGRAFIA

Baty, G. y Chavanne, R.: *El arte teatral*. México, Fondo de Cultura Económica.

Cardona, Rodolfo y Anthony Zahareas: *Visión del esperpento*. Madrid, Castalia.

Casalduero, Joaquín: *Estudios sobre el teatro español*. Madrid, Gredos.

Cortina, José Ramón: *El arte dramático de Buero Vallejo*. Madrid, Gredos.

Díaz Plaja, Guillermo: *El teatro, Enciclopedia del arte escénico*. Barcelona, Noguer.

Kayser, Wolfgang: *Interpretación y análisis de la obra literaria*. Madrid, Gredos, 3.ª ed., 1961.

March, María Eugenia: *Forma e idea de los esperpentos de Valle Inclán* (Universidad de Carolina del Norte). Madrid, Castalia.

Ortega y Gasset, José: *Idea del Teatro*. Revista de Occidente, 1958.

Sáez, Rafael: *Lengua y Literatura*. Caracas, 1957.

Sobejano, Gonzalo: «*Luces de Bohemia*, elegía y sátira». *Papeles de Son Armadans*, octubre de 1966.

Varela Iglesias, José Luis: *La transfiguración literaria*. Madrid, Prensa Española.

Zamora Vicente, Alonso: *La realidad esperpéntica, Aproximación a «Luces de Bohemia»*. Madrid, Gredos.

Jose R

240 págs.

LENGUA Y LA LITERATURA

Este libro es el resulta... mentales hasta los universita... nes aplicadas en la Escuela Universitarias pedagógicas (desde los cursos más elementales hasta los universita... y en el I.T.E.) desarrolladas por el autor ctividades metadocentes (investigaciones aplicadas en la Escuela Universitarias pedagógicas ... ta obra son los siguientes: 1) Proporcionar al profesos año... Los objetivos de estual, científico y eminentemente práctico; 2) Dotar a... to de E... B. un libro acapropiadas a los docentes de E.G.B.; 3) Servir de guía de... as pautas pedagógicas ...os en las escuelas Universitarias de Formación del Profesorado de E.G.B. para los alumnos que cursen estas materias; y 4) Proporcionar, con las referencias bibliográficas más actuales, unos instrumentos de investigación para los licenciados en Pedagogía o en Filosofía que deseen ampliar estudios en estas materias.

José Romera Castillo, doctor en Filosofía Románica por la Universidad de Granada, ha sido profesor titular de Universidades Laborales, en la Facultad de Filosofía y Letras de la Universidad de Valencia y, es actualmente, Adjunto Numerario de Literatura Española, en la Universidad Nacional de Educación a Distancia de Madrid.

GENEROS LITERARIOS

INTRODUCCION A LOS ESTUDIOS LITERARIOS

I. Martín Duque y M. Fernández Cuesta

208 págs.

Esta obra es una eficaz introducción al estudio de la literatura. Ofrece al estudiante una armazón estructural que le permitirá acercarse a los textos con una mayor seguridad. Toma de la preceptiva clásica lo que ésta tiene de realmente útil, y de los más modernos enfoques lo que pueda servir al estudiante en sus primeros estudios literarios. La organización del libro por géneros (poesía —lírica y épica—, teatro, novela, cuento, ensayo y periodismo, etc.) y la secuencia cronológica de los ejemplos aportados, sirven de base al estudiante no sólo para una mejor comprensión de la literatura como hecho estético, sino como creación dentro del marco de la historia. Después del estudio de cada género hay un extenso y valioso modelo de análisis literario para que los estudiantes pongan en práctica lo aprendido.

CURSO DE ORIENTACION UNIVERSITARIA

Varios autores

216 págs.

Si entre los objetivos de la enseñanza superior está el de preparar a los estudiantes para los estudios universitarios, este libro puede ser una gran ayuda. Este manual es ideal para los estudiantes que están próximos a ingresar en la universidad. En una prosa clara y directa esta obra indica, entre otros temas, cómo redactar una monografía, cómo utilizar la biblioteca, cómo iniciar una investigación, cómo estudiar con mayor provecho, etc. Este libro ha sido escrito pensando en la comunidad académica completa: en los estudiantes, los profesores y los bibliotecarios.

COMENTA...
METODO...
José M...
256 ...

Frente ...
ca del coment... En ...
tes y profesores. ... r ...
una de las etapas. ... de facilitar ...
abreviada debía ... de ...
estudiante ... imprescindibles para lle...
— dentro de ... aspectos a ...
grand... etc., ... está constituida ...
minutos teóricos, ... cuestiones y aspectos de ...
La segunda parte de este libro ...
... comentario de comentarios ... resultan de gran ayuda a la hora de ...
prosa y en verso, y de distintas épocas— según ...
modelos de comentarios y otros, ... de distintas épocas ... ejemplos de Jorge Manriqu...
rín, Pérez Galdós y otros, ... de gran ayuda a la hora de ...
el comentario de textos literarios.
José María Díez Borque, doctor en Filología Románica, es profesor de ...
ra Española de la Facultad de Filología de la Universidad Complutense de M...

40 LECCIONES DE HISTORIA DE LA LENGUA ESPAÑOLA

Carmen Marrero
160 págs.

Un rápido recorrido a través de los momentos fundamentales de la lengua literaria española: la lengua del Mío Cid, de Berceo, del Arcipreste de Hita, de Juan
del siglo XVIII, del Romanticismo, de la Generación del 98, etc. El
Manuel, la Celestina, del Lazarillo, de Cervantes, de Góngora, de Quevedo,
libro cuenta, además, con una segunda parte dedicada al estudio de las características del español en América.

INTRODUCCION A LA MODERNA GRAMATICA ESPAÑOLA

José Escarpanter
368 págs.

Se trata de un acercamiento estructural a la gramática, muy claro, con
ejemplos. Obra de nivel básico. Cada capítulo cuenta, con una gra...
ejercicios en los que se aplican los conocimientos teóricos. Con
autoaprendizaje, las respuestas de los ejercicios aparecen al final ...

COMO DOMINAR LA ORTOGRAFIA

José Escarpanter
200 págs.

Manual de ejercicios prácticos. Esta obra ha sido progr...
nar la ortografía mediante inducciones, deducciones y ...
deja a la memoria lo estrictamente indispensable. ... indispensable, y s...
te: toda teorización excesiva. Texto idóneo como su...
gua. Autoaprendizaje. Respuestas al final.